新型城镇化背景下
中国城市社区建设研究
——基于财政学理论视角

李林　著

Research on Urban Community Development
in China in the Context of New Urbanization:
A Fiscal Theoretical Perspective

中国财经出版传媒集团

经济科学出版社
Economic Science Press

图书在版编目（CIP）数据

新型城镇化背景下中国城市社区建设研究：基于财政学理论视角/李林著. —北京：经济科学出版社，2021.6

ISBN 978 - 7 - 5218 - 2651 - 7

Ⅰ.①新…　Ⅱ.①李…　Ⅲ.①城市 - 社区建设 - 研究 - 中国　Ⅳ.①D669.3

中国版本图书馆 CIP 数据核字（2021）第 119219 号

责任编辑：宋　涛
责任校对：隗立娜
责任印制：范　艳　张佳裕

新型城镇化背景下中国城市社区建设研究
——基于财政学理论视角
李　林　著
经济科学出版社出版、发行　新华书店经销
社址：北京市海淀区阜成路甲 28 号　邮编：100142
总编部电话：010 - 88191217　发行部电话：010 - 88191522
网址：www. esp. com. cn
电子邮箱：esp@ esp. com. cn
天猫网店：经济科学出版社旗舰店
网址：http://jjkxcbs. tmall. com
北京季蜂印刷有限公司印装
710×1000　16 开　14.25 印张　180000 字
2021 年 6 月第 1 版　2021 年 6 月第 1 次印刷
ISBN 978 - 7 - 5218 - 2651 - 7　定价：58.00 元
（图书出现印装问题，本社负责调换。电话：010 - 88191510）
（版权所有　侵权必究　打击盗版　举报热线：010 - 88191661
QQ：2242791300　营销中心电话：010 - 88191537
电子邮箱：dbts@ esp. com. cn）

前 言
PREFACE

　　若想实现经济社会的现代化，世界上的任何一个国家或地区都无法避免城镇化的进程，城镇化水平在某种程度也体现出国家发展的综合实力。中国城镇化水平（城镇人口占总人口比）从 1949 年的 10.64% 到 1978 年的 17.92%，再到第七次全国人口普查数据显示的 63.89%，大约有超过 6.4 亿人口进入了城镇生活，对于转移进入城镇的人口的称谓也由"盲流""外来工""农民工"到"新市民"等，经过了多次改变，我国城镇化发展的历程在世界上也成就了一段绝无仅有的历史。从城镇人口规模来看，我国当前初步进入初级城市型社会，2020 年城镇常住人口超过 9 亿，但根据北京大学光华思想力课题组测算，到 2035 年，中国城镇化率将达 75% 至 80%，新增近 4 亿城镇居民，[①] 如此众多的人口进入城镇，加上政府提出的经济结构深化改革和社会转型，国

---

　　① 《中国城镇化率高达 63.89%！专家：2035 年有望达到发达国家同等水平》［E］. 新浪财经. https：//my. mbd. baidu. com/r/ouLKewWWru？f：cp&u：720bc57b99211bafa.

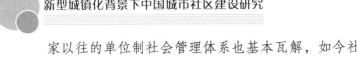

家以往的单位制社会管理体系也基本瓦解，如今社会治理也转变为"政府—社区—居民"的模式，由此看来，社区这一城镇社会最小单元的地位对于社会的稳定、和谐显得尤为重要！

党的十八大以来，以习近平同志为核心的党中央就城镇化的发展确定"新型城镇化"发展理念，需要摒弃传统城镇化中"以物为本""以地为纲"的观念，重视城镇居民生活质量的提升、生态环境的改善、公共服务的全覆盖等方面，加强社区建设与可持续发展，在新型城镇化背景下顺利完成我国社会转型。由此，本书以财政学理论为理论基础结合社会学理论，以中国新型城镇化要求为指导，以二三线城市中新进城镇人口为主要研究对象，以公共服务或产品为分析工具，探讨辨析新型城镇化的"新"，探索财政理论指导社区层面的发展路线，探究目前二三线城市新进城镇社区居民的公共产品或服务的现状与需求，总结提炼社区建设中的不足，分析社区层面组织建设的现实基础和主要任务，就社区组织发展探讨社区建设的可行性路径，并重点提炼了社区相关公共财政所面临的问题和配合社区建设可行性路径的财政解决方案。

本书共分为8章，主要内容如下：

第1章，导论。本章阐述了本书的研究背景，明确了本书的研究意义和目的，并界定了研究的相关范围，即主要通过公共产品或服务研究我国二三线城市中新进城居民的社区生活，同时明确了研究方法，整理了相关研究资料和数据的来源，并指出本书可能的创新点与主要特色。本章是本书的研究起点和逻辑基础。

第2章，文献综述。新型城镇化和社区建设本是不同的研究领域，但是两者之间存在种种联系，笔者将两者的相关概念、城镇化理论和社区建设理论进行整理探究，加上中国区域差异化、发展程度不一的问题，且社会转型还未完成，与其他学者更关注社区人口空间转移等带来的问题，笔者认为社区建设更应该注重居民进入城市后其社区生活的需求，并寻求将这些需求与"自上而下"的供给体系相匹配，使得上下能够对接、平衡，也就可为我国新型城镇化发展背景下的社区建设提供新的思路与范式。

第3章，新型城镇化社区建设的理论基础。本章首先根据马克思主义相关的理论，辩证性地对"新型城镇化"的"新"本质特征进行了分析和阐述，点出"新"的具体表现与内容。再基于财政理论对社区建设进行分析，抓住公共服务这一分析要点，运用公共产品理论、公共选择理论对社区建设的发展进行论述，最后考虑到"人的城镇化"也就是意味着社区居民要最终融入社区以及城市生活，结合社会融合理论在社区层面探索解决新进居民融入的问题。

第4章，新型城镇化背景下二三线城市社区建设现状的实证分析。本章以第3章讨论的三个理论为基础，并以公共产品或服务为工具，设计相应的问题，利用分别在我国东部、中部、西部三座城市进行问卷调研得到的数据进行实证分析，揭示目前我国新型城镇化背景下二三线城市社区建设的现状，探讨其存在的主要问题以及根源，为后续的路径选择提供切实的、可靠的依据。

第5章，国外城市化过程中社区建设特征与启示。该部分主要选择英美两个城市化和社区建设都很早的国家，从历史发展角度梳理国外城市化背景下社区发展的情况，为第6章提出具体路径做铺垫，在某种程度上说更是一种经验佐证，启示笔者在目前我国新型城镇化发展阶段下就应该选择什么样的路径提出建议。

第6章，二三线城市社区建设的路径研究。本章还是抓住公共产品或服务这一工具，主要提出社区建设的"自上而下"与新型城镇化背景下应该发展"自下而上"，并形成"上下"通畅的渠道，为新进居民和社区居民融入城市生活探求路径，还提出社区建设主体应该倾向于社区组织。换句话说，也就是本书基于综合前述章节的分析结果，从公共产品或服务的供给侧与居民百姓的需求侧进行分析，试图通过社区组织这一路径的建设实现供需的平衡，提高百姓满意度以及城市融入程度。

第7章，新型城镇化进程中社区建设的财政探索。社区建设特别是公共服务或产品是离不开财政的，本章对我国社区公共财政现状以及特征作出分析，并就财政支持社区建设提出相关设想，进一步夯实社区建设的财政基础。

第8章，结论与展望。本章总结前面章节的主要结论，包括政府主导是多元化社区建设的主体、社会力量是社区建设高质量发展的助推器、"社区群"是社区建设的"集成器"、财政是社区建设的根本保障、城镇居民是社区建设的本源等。同时总结本书的局限和提出日后继续研究的展望。

第1章

导　论

1.1　研究的背景、意义和目的

1.1.1　研究的背景

1. 城镇化将是驱动我国经济增长的"主阵地"

改革开放以来，中国经历了一个长期的推进工业化的过程，我国经济的主要增长点也是来自于工业化的实现。中国曾经创下了多年的年均 GDP 增长率高达 9.9% 的成绩，GDP 的总量排位也由 1978 年世界第十位跃居世界第二位，并且人均国民总收入（GNI）也已从低收入水平成功迈进世界中等偏上收入国家的行列。在工业化推进的过程中，得益于高投资、高储蓄和以出口为导向的劳动密集型产业的发展，通过高消耗、高污染、高投入、低效率的粗放型发展模式实现了经济连续三十多年的高速增长，但是世界上任何一个工业化国家，经济增长也都终将会进入一个由高速向中速转变的历史时期。

党的十八大报告明确提出，要坚持中国信息化和工业化深度融合、工业化和城市化良性互动、城镇化和农业现代化相互协调，促进"新四化"同步发展,随着社会的进步与发展,城镇化水平的逐年提高也是一个历史规律,是发展的大趋势,因此城镇化是"新四化"中非常重要的内容。党的十八届三中全会还提出,要坚持走中国特色新型城镇化道路,推进以人为本、以人为核心的城镇化,推进大中小城市和小城镇协调发展,产业和城镇融合发展,促进城镇化与新农村建设协调推进。就是说要走有特色的新型城镇化道路。这条道路要推进农业转移人口市民化,逐步把符合条件的农业转移人口转化为城镇市民。而后,中共中央和国务院又发布了《国家新型城镇化规划(2014 - 2020)》,提出今后要走以人为本、四化同步、优化布局、生态文明、文化传承的中国特色新型城镇化道路。党的十九大报告中提到,2013~2017年的五年时间里,我国城镇化率年平均增长1.2%,意味着这五年内,有8000多万农业转移人口已经成为城镇居民,报告还要求,坚持推动新型工业化、信息化、城镇化、农业现代化同步发展。

学者们普遍认为推动经济增长的三大主要动力因素为投资、消费和净出口。我国传统的经济增长动力机制,在改革开放40多年来一直良好地拉动我国经济的增长,推动着国家发展与前进,人口红利促成的廉价并且无限供给的劳动力、大力发展的劳动密集型产业、积极推动的"投资导向型"策略、政府和国有企业的投资是重要的经济增长动力,"出口导向型"的策略、净出口等诸多因素对经济的增长贡献也是不可小觑。这些因素对我国经济增长的贡献都不容忽视,但是发达国家发展历史经验的表明,推动城镇化的深度发展,是我国成功实现向发达的高收入国家转型的新动力源。因为,中产阶层或中等收入者大部分都将集中在城市,而推动经济增长的三大主要动力因素之一是消费,城镇化率越高,消费相应也就越高。2013~2017年的五年时间内有超过8000万流动人口成为城

镇居民，消费贡献率由 54.9% 提高到 58.8%，服务业比重从
45.3% 上升到 51.6%，成为经济增长的主动力。随着城镇化的发
展，将会有更多人口进入城市，他们产生了投资和消费需求，从而
推动我国经济结构的重大变革、为经济增长提供主动力。另外，城
镇化的发展还会促进我国制造业的转型升级，同时推进第三产业的
发展。城镇与农村相比，在资金、人才、技术、市场、通信和交通
方面具有优势，为制造业提升技术和研发能力提供了充足的人力资
本，为第三产业的人员积累提供了一个大的平台。这就是为什么产
业升级一般都发生在城市。据统计测算，城镇化率每提高 1 个百分
点，可带动 GDP 增长 1.3%、居民消费增长 1.2%、投资增长
1.37%。① 所以说城镇化将是中国迈向高收入国家的主要动力，同
时城市将是我国经济增长的"主阵地"。

那么，这个"新型城镇化"到底"新"在哪里？对社区建设
又有什么具体要求？如何能够在社区实现"人的城镇化"？这些问
题都值得我们去探讨。

2. 社区建设是社会转型的客观要求

改革开放以来，城镇人口占总人口比重由中华人民共和国成立
之初的 10.6%，发展到 2020 年常住人口城镇化率超过 60%，城镇
化水平的确已经明显提高，但是预计到 2035 年中国城镇化率将达
到 75% ~ 80%，换句话说，大约 4 亿的农业人口需要转移进入城镇
生活，实现人口市民化，对于新进城市的居民，基本公共服务如何
有效供给，便民利民的服务该如何实现，新进城镇人口是否适应城
镇生活，都是值得仔细考虑的问题。

---

① 廖富洲. 以新型城镇化引领河南加快中原经济区建设 [J]. 黄河科技大学学报，
2012 (3): 48 – 51.

从社会管理体制来讲，改革开放之前，我国的"单位制"能够辐射到每一名城市居民，国家政策的实施、社会的发展治理都能由"单位"延伸，进行具体操作并做好持续的落实。美国的瓦尔德（Andrew G. Walder，1986）在研究中国时就曾指出"单位"这个角色对于一个中国城市公民简直就是包罗万象的："单位"被定义为一个人的社会、经济和政治生活。每个公民几乎所有事情都依靠着单位，在政府机关、国营企业、医院、学校等机构中，无论是政治选举、住房分配、食物供给，还是教育、医疗、退休保障等都被包含在"单位"这个实体中。在当时，我国城市社会管理中存在纵向的"单位制"管理和横向的地区"街道委员会管理制"。改革开放以后，体制改革如火如荼地开展，社会管理的模式也逐步从"单位制"为重心转向"街道居委会管理制"，这也是社区建设的直接原因（雷洁琼，2001）。"单位"这个概念逐步退出历史的舞台，越来越多的社会大众远离"单位"这个体系，人员的流动性也大大增强，城镇化发展下的城市同时出现了社会分异与空间分异的格局。社会的转型以及小康社会的创建必然造成社会整合模式的转换。

20 世纪 90 年代，伴随着我国经济体制的改革和社会管理体制的转型，成千上万的公民从原来国家单位体制来到了体制外，身份也由"单位人"转变成"社会人"。原本国家通过单位体制管理我国城市居民一切活动的历史阶段已经一去不复返，越来越多的政府职能、社会管理与公共福利的服务职能都转移到城市中的社区，加之我国城乡二元结构的慢慢解体，大量的流动人口来到城市，造成我国的社会管理机理以及社会整合方式不断发生变化，这不仅是社会管理体制的一种变化，还是社会意识形态、生活方式、价值取向的一种改变。对于社会基层老百姓，特别是城镇化发展下的中大型城市的居民，社区是一个被社会体系所需求的实体，一个能够直接解决日常生活、社会服务、教育医疗等问题的社会管理实体。中共中央办公厅和国务院办公厅于 2000 年转发的《民政部关于在全国推进城市社区建设的意见》指出，全国范围的社区建设进入了一个全新的历史时期，社区建设已然是我国社会转型期的一个客观要求。2018 年 3 月的政府工作报告中明确指出，"新型城镇化的核心在人，要加强精细化服务、人性化管理，使人人都有公平发展机会，让居民生活得方便、舒心"①，其实就也是明确地要求社区建设需要遵循"精细化服务"和"人性化管理"的宗旨，围绕"人"这一核心要素开展社区建设工作。党的十九大报告中要求加强和创新社会治理，"打造共建共治共享的社会治理格局"，这当然离不开社区建设，报告中还提到"加强社区治理体系建设，推动社会治理重心向基层下移，发挥社会组织作用，实现政府治理和社会调节、居民自治良性互动"，社区是社会转型、社会治理的重要环节！

因此，正确认识我国城镇化发展的趋势，准确把握我国社区建设的现状，研究社区发展中存在的问题，探讨社会管理体制或者说社区是否能够"照顾好"这些新进城市的人口，实现"人的城镇化"，对全面建成小康社会、实现中国梦的目标具有重要意义。

3. 公共财政是城镇社区建设的基础

党的第十八届三中全会在全面深化改革的系统部署中，肯定了财政从未达到的历史新高度，赋予了财政"国家治理的基础和重要支柱"这一项特殊的定位，同时也就说明，从此以后，财政只会更加紧密地融入经济社会发展，社区建设同样也不例外。因为财政参与社区建设，也是作为国家治理主体的政府履行职能的

---

① 2018 年政府工作报告，中国政府网，http://www.gov.cn/zhuanti/2018lh/2018zfgzbg/zfgzbg.htm.

活动，没有财政支出的拨付或者收入的筹措，也就不存在政府职能的履行。

2014年《国家新型城镇化规划（2014－2020年）》发布，一方面意味着新型城镇化的正式启动，另一方面意味着，在推进新型城镇化过程中，农业转移人口进城，在城镇中社区进行日常生活，势必增加当地政府的公共成本，这就要求财政加大支持力度，开拓融资渠道，保障城镇化的顺利推进，维护新进城居民的基本权益，为其更快融入城镇生活奠定基础。

社区建设和新型城镇化在某种程度上说是相辅相成的。纵观我国社区建设过程中各项财政支出现状，基本是由地方财政支出为主，社会支持为辅，中央财政发挥均等的作用，① 当地政府受限于当地经济发展水平和政府对社区建设工作的重视程度，经济发展水平较高的地区，一般说来社区建设开展得比较好，经济落后地区社区建设资金来源单一，主要依靠财政资金。跨国研究表明，中国的整体公共支出仅占 GDP 的 25.1%，这分别大大低于经合组织高收入和中高收入国家的 41.6% 和 33.1%。② 在财政成为国家治理的基础和支柱的今日，发挥财政职能的同时，如何有效地结合城镇居民实际需求，高效使用财政资金在社区层面对接百姓所需，对维护社会稳定发展显得尤为重要！由此说来，社区建设中的公共财政是建设的基石，也是政府管理部门与社区自治组织更高效衔接和更有效互动的重要工具，明确社区公共财政中的财权、事权，提升社区发展质量，更值得我们思索与探讨。

---

① 丁元竹．中国社区建设公共财政收支的现状与制度完善［J］．上海城市管理职业技术学院学报，2007，16（5）：7－10.

② 杨萍．新型城镇化对我国拉动内需的作用和途径研究［J］．理论建设，2014（5）：62－64.

1.1.2　研究意义及目的

1. 理论意义及目的

自20世纪90年代我国民政部提出"社区建设"以来，学者们更多的是从社会学、政治学和管理学等学科方面对社区进行研究。社区这一载体其实关乎城市居民福祉，其发展的过程也涉及社会、政治、文化、经济等多方面因素，因此需要更多的学者从多视角、跨学科进行社区建设的理论探索。此外，我国社区概念的引进与普及较晚，目前社区建设的很多工作还需要寻求理论支撑。国外对社区建设的理论主要是在探究政府、社会和市民之间的关系协调问题，强调运用规划、政策等手段对社区发展进行引导，强调对社区社会资本的充分挖掘。国内对社区建设的探索和研究，因为我们国家正处于社会、经济转型的阶段，往往忽视不同城市中的社区差异，忽视新进社区人口，缺乏对社区类型的区分对待，同时也忽视了城镇化进程中社区发展演变的实际情况。本书从社区居民的主体角度出发，探讨在我国二三线城市更具潜力的城镇化中的社区建设现状，基于公共产品理论、公共选择理论和社会融合理论分析东部、中部、西部城市居民的社区活动与社区公共服务等问题，不仅丰富了我国社区建设研究的内容，更是拓展了我国城市社会学的研究范围，具有一定的前沿理论意义。

2. 实际意义及目的

当前，我国城镇化高速发展，随着城镇地域范围的扩大，越来越多的人口进入城镇，社区作为我国居民百姓日常生活的重要场所，许多生活的需求都可以通过社区这个载体得到满足或寻求政府力量帮助；另外加之在我国社会转型过程中，大量社会问题并且是关乎居民切身利益的问题涌现，政府已经无法通过以前的单位制行使社会职能，不够健全的服务市场自身也不足以解决问题，社区理所当然就成为解决这些社会矛盾以及行使政府社会职能的载体。研究二三线城镇化发展冲击下的社区建设问题，有利于将社会矛盾在社区内进行消化解决，也能让居民百姓的诉求以及声音传达给政府管理者，对合理解决利益诉求、维护社会稳定，最终推进国家治理体系和社会治理能力现代化具有重要的意义。

2015年2月，习近平同志提出的"四个全面"中第一点就是"全面建成小康社会"，同时也是第一次将全面建成小康社会定位为"实现中华民族伟大复兴中国梦的关键一步"。城市是实现小康社会的首要场所，而社区作为城市社会基本单元，是政府实现城市良好管理的基石，也是各类城市居民群体的各种矛盾和冲突集中表现的场所，因此，社区建设也必将是全面建成小康社会的重要途径之一。随着城镇化的快速发展，城市居民的生活方式、人际关系、价值取向等发生着一系列重要变化，社会结构发生分化，阶层化趋势显现，大量离退休老年人出现，使不同群体对居住地的管理、服务、休闲、环境等社会服务的需求多样化，社区服务水平和形式受到挑战（殷京生，2000）。本书旨在对城镇化发展进程中社区提供社会公共服务的方式、渠道与质量进行考量，特别针对二三线城市中将会有更多的居民群体进入，对其所需求的社会服务以及所在社区的公共服务现状进行了解，通过实地调研甄别出二三线城市的社区建设现阶段发展情况以及从居民角度探讨下一步社区发展的必要条件，以化解社会矛盾、提供城市管理新方案，从而为全面建成小康社会提供实际的依据。

1.2 我国新型城镇化背景下社区居民的特点

新型城镇化战略的实施，不仅是城镇数量、人口和区域面积的增减，更重要的是提升城镇的质量，实现由"量变"到"质变"。但最重要的一点是，新型城镇化背景下需要通过什么平台才能够实现这个"质变"？笔者认为社区才是真正能够实现新型城镇化发展的平台和载体。

1.2.1 新型城镇化背景下社区制和"单位制"

我国的社区研究始于 20 世纪 30 年代，因为当时受到美国芝加哥学派的影响，相应研究也是主要集中于概念、社会学等方面。从新中国成立到改革开放前期，城市发展避不开的一个名词是"单位"。计划经济时代，我国根本没有任何形式社区存在，仅仅是一小部分学者受到西方学者的影响而进行研究。当时那个年代，单位决定了一个城市居民的社会、经济和政治生活，单个的城市居民所能拥有的几乎完全依靠其所在的单位，因为"企业、教育机构、医院、人民公社和其他组织无不都是单位并附属于政府"（Xu Y.，2008)，这种社会现象被称为"组织性依附"。随着改革开放的进行，20 世纪 80 年代末 90 年代初，为了实现"与国际接轨"和加入第二次工业革命中的国际供应链，我国实行对外开放发展战略，也就意味着国有企业必须通过改革从而保持国际竞争力，许多计划经济时代的低生产效率和负担过重的生产部门都面临着关闭，这项措施导致成千上万的员工失去工作，失去一些社会保障，比起过去的单位制，这个历史阶段的社会矛盾日益加剧。时任国务院副总理朱镕基提出"抓大，放小"的方针进一步实施国有企业改革，"放小"也就是放开那些"资本有机构成不高、劳动密集型的、生产的社会化程度较低"的国有中小企业，"抓大"即进一步稳定国有经济的主导地位，着力培育大型国企集团，使其成为跨地区、跨行业、跨所有制和跨国经营的大企业集团，提高大型国有企业所在行业的竞争力，使其在国际市场中能够争得一席之地。通过国家经贸委前主任李荣融所提供的一组数据可知，1998 年我国国有及国有控股企业是 23.8 万家，2003 年减少为 15 万户，减少了 40%；其职工人数由 1998 年的 7804 万减少至 2003 年的 4311 万，减少了 40%，"放小"的过程中通过租、包、卖等形式对国有中小企业进行非国有化，在实际工作中出现了操作不够规范、部分国有资产流失、企业职工下岗失业增加引发严重的社会矛盾和冲突等问题。

随着计划经济向社会主义特色的市场经济转变与发展，"单位"这个概念逐步退出历史的舞台，越来越多的社会大众远离"单位"这个体系，人员的流动性也大大增强，城镇化发展下的城市同时出现了社会分异与空间分异的格局。社会的转型必然造成社会整合模式的转换。20 世纪 90 年代初期，我国民政部门提出"社区建设"，试图替代"单位制"在社会治理方面的角色，并根据当时的切实情况，中国的社区建设与发展旨在加强城市邻里关系的管理，特别是对在经济迅速发展过程中产生的迫切的社会问题进行处理。随后社区建设的试验区分别落户在北京、上海、重庆、南京、杭州、青岛、石家庄、汉口、沈阳、天津等地，中共中央办公厅和国务院办公厅于 2000 年转发《民政部关于在全国推进城市社区建设的意见》，表明全国范围的社区建设进入了一个全新的历史时期。社区作为城市社会基本单元，承担着国家、民族前行中顺利发展的重担，新型城镇化发展背景下，在更具潜力的二三线城市中强调"人的城镇化"，社区建设的成果无疑也给社会稳定团结、社会福利传递带来了举足轻重的影响。

1.2.2　新型城镇化背景下社区居民居住类型的特点

城镇社区是城镇社会的缩影，城市社会形态可以在社区这个层面体现出来。从20世纪90年代后期开始，我国人口大面积流动并有一大部分人口常住于各大城市，加之随着国家提出的城镇化进程加快，城市不断扩建或者重建，社会经济水平不断提升，居民的收入明显改善，对居住环境以及类型的要求日益多样化。

（1）房地产行业顺势也在迅猛发展，主要体现于房地产公司在二三线城市不断竞拍城市土地，兴建商品化的住宅小区，配合政府开发城市商圈，带动新城区的发展，扩张城市面积，调整人口布局，形成了商品房社区，这也对新进城居民提供了一个"落地生根"的好机会。商品房社区又可根据居民的经济属性不同，大致分为居民经济条件上佳的高收入城镇社区、经济条件尚可的中等收入城镇社区，以及经济条件欠佳的低收入城镇社区。高收入商品房社区一般坐落于地价较高的城市区域，社区环境优雅，社区功能齐全，公共服务设施完善，具有一定的封闭性。中等经收入商品房社区主要是社会中层百姓以及政府福利商品房的政府普通职员聚集的居住地，一般来说居住环境较好，交通便利，配套实施也是相对齐全，公共服务基础较好。低收入商品房社区主要针对的是经济适用房或者廉租房的居民，生活环境肯定不如中等收入阶层或高收入阶层社区，一般都是社会中低收入人群选择居住，地理位置偏僻，公共服务设施与配套比较缺乏。

（2）我国经历过计划经济时代，在那个年代，城市居民所在的单位决定了其社会、经济和政治生活，单个的城市居民所能拥有的几乎完全取决于其所在的单位，当然也包括房子在内，这个阶段的住宅建设也多以宿舍楼为主，其次是政府机关、企事业单位的家属住宅小区。虽然随着城镇的建设，这一类建筑逐年减少，但是二三线城市的社区中仍有一部分是由原来的单位修建的，在现阶段及未来的社区建设中，我们也不能忽视这部分社区居民对公共服务的需求。

（3）尽管人员流动范围广泛，但是不同城市社区中还有一部分居民一直就在当地生活，居住的房屋都是单纯用来自住，建筑建成的年代也是稍许久远一些，建筑特色和社会构成方面可能和单位社区有相似的地方，同样，由于城镇化进程的推进，这一类住房受到城市建设的影响可能会增大，老住宅居民也会因为拆迁而去往其他区域，但是在二三线城市中，老住宅居民所要面对的城市冲击也在日益加大，拆迁纠纷一直充斥于坊间，因此也需要相应地关注，在社区层面协调居民利益需求，维护社会稳定。

（4）随着城市空间分布范围的扩大，城市建设重心的转移，新城开发和新旧城区建设同时进行，政府考虑到建设成本，往往会选择经济成本和社会成本较低的城市边缘地段，征收那里的土地，城市蔓延和郊区城镇化的进程也在加速。居住在这一地段的人们，还保留着农村的小农经济思想和一些固有的价值观念，但是享受着城镇的基础设施和生活形式，并且需要适应新的社会组织与管理机构。住房类型主要以原村民的自建房为主，同时伴有新开发的商品房住宅，外地流动人口数量应该大于本地居民数量，居民职业的变化性较大，职业种类较为复杂，是一个城乡矛盾相对集中的地带。传统的乡村按血缘关系及乡村地缘分布的局面逐渐受到城镇化冲击并且瓦解。这一类型的居民大多是由村委会转进社区，这是我国社会转型发展所带来的一种社会现象，具有非常强烈的时代性，所以将这一类我国特定历史时期、特有的社区称为"转型社区"。

城市的社会结构一直在变化，社区也在多元化发展，社区类型不断分化，新进人口以及当地居民对个人利益的诉求也是趋向多元化，因此要求社区的功能更应该贴近不同的居民需求。根据现阶段城市的实际状况，笔者紧抓"人"这一主线，以"人"为本，想从"人"的角度出发，结合公共产品或服务，去观察二三线城市社区建设现状以及收集居民个人在社区建设过程中所想所感，从而在宏观与微观上对接实现"人的城镇化"。

1.3　研究范围界定

本书主要是对新型城镇化进程中二三线城市社区建设的情况进行了解并予以分析，论述新型城镇化进程中宏观层面的实际情况，从以人为本的角度，探析我国新进城镇人口在社区这一社会单元中的生存现状，明确二三线城市中社区建设的不足，为新城镇化发展中社区的建设献计献策。

本书选择三个不同城市，分别来自我国的东部、中部和西部地区，以了解二三线城市中社区建设的现状，揭示不同城市社区的内在差异，通过国外、国内不同社区的比较分析，以明确在我国二三线城市中社区建设的目标及具体可采取的措施。

1.4　研　究　方　法

本书主要是采用了文献分析法、实地研究法、调查研究法和比较分析法等进行数据收集和观点论述。

1.4.1　文献分析法

本书在选题和写作的过程中，搜集、鉴别和整理了大量的文献，文献分析也是我们站在前人的肩膀上进行论述的重要的科学方法之一。笔者主要查阅了相关的硕博士论文、学术刊物和书籍，检索了国内重要的中文数据库，同时借助国外高校的科研平台，检索国外的英文数据库，以充分了解国内外在这一领域的最新研究进展，并提出自己对已有研究成果的认识，在此基础上再提出自己的一些观点。

1.4.2　实地研究法

实地研究法是社会科学研究中最重要的一种质的研究方法，从某种意义上说，这是一种参与式的观察法，但又与其他形式的自然观察有着比较明显的区别，研究者是以一种深思熟虑的、有详尽计划的、主动的方式进行实地考察。实地研究法不仅是收集数据的活动，还是能够产生理论的活动。笔者在博士就读阶段和博士后研究阶段，对所选的案例地进行了多次实地调研，与二三线城市当地的政府官员、社区管理者、居民，特别是新进城市的外来人口开展了深度访谈和定性访谈，初步了解并总结出所选二三线城市社区建设现状和主要途径、方式，加深了对新进城市居民的理解。

1.4.3　调查研究法

在一些探索性、解释性以及描述性的社会研究中，往往会选择调查研究法。一般是通过抽样的基本步骤，注重以个体为分析单位，选择调查对象作为样本，通过标准化的调查问卷等方法了解调查对象，并加以分析来开展研究。[①] 本书结合实地研究法和调查研究法，是为了更完整和准确地了解我国二三线城市的城镇化进程，特别是社区建设情况，探索现状，力争寻求内在发展的机理。

1.4.4　比较分析法

为了更加透彻地理解社区建设的现状和特点，本书在研究过程中，普遍采用了比较分析法。一是所选的三个案例城市社区就分别来自我国的东部、中部和西部，以了解在我国不同区域、不同类型城市社区的内在差异；二是研究新型城镇化的内涵、特点及社区建设的类型、路径时，采用了中国与其他发达国家的比较分析，为日后的城镇化发展下的社区建设明确目标治理模式的差异。

---

① 王峰. 课题研究模式的数学研究性学习探讨 ［J］. 中国成人教育，2006（3）：116 - 117.

1.5　可能创新点和主要特色

1.5.1　可能创新点

本书在坚持"继承与创新"的理念下，充分利用经济学、社会学、管理学和城镇化、社区建设研究领域的相关主要成果，通过对大量文献的整理，以及对国外相关前沿研究成果的梳理，总结了我国不同地区城镇化进程中社区建设的实际情况，为下一步适合我国国情的深度城镇化发展中的社区发展提供有益的借鉴。

本书的主要可能创新点包括：

（1）从城镇化进程中数量更多的二三线城市作为切入点，探索我国东部、中部、西部新进城市化城市区域中案例社区的现状，通过城镇居民进城时间的区分，关注不同人群类型在社区中的角色以及融入程度，从而分析社区建设主体结构、治理方式和建设内容，寻求新型城镇化进程中二三线城市社区建设的保障措施和路径，并初步探讨财政对社区建设的相关影响。

（2）本书研究了城镇化与社区建设之间的辩证互动关系。目前我国理论界鲜有分析社区建设对城镇化作用及影响的文献，多有从城镇化对社区发展的促进作用角度考虑。本书从互动关系角度，分析城镇化对社区建设的拉动作用，同时也会阐释社区对城镇化发展的影响，为我国城镇化的推进和社区建设起到积极促进的作用。

1.5.2　主要特色

新进城市居民，是伴随我国新型城镇化发展进程中源源不断出现的一个群体，他们见证了城市的进步与发展，是城市生活的实践者。经济的长期稳定发展，城镇化快速推进，使社区成为各种社会矛盾和问题集中的一个平台，并且会日益显现出来，新进城市居民、下岗失业居民、离退休老人、流动人员也聚集在社区这一载体中。本书重点研究二三线城市的社区，探索我国下一步新型城镇化发展下社区发展的趋势。管理好社区这个平台，调节和控制好社会矛盾，使社区成为党和政府与基层老百姓沟通的重要渠道，成为解决百姓合理利益诉求的平台，有利于我国二三线城市进行深度新型城镇化建设、实现社会稳定和谐。

本书结合有关城镇化的理论和研究方法，界定我国新型城镇化的内涵，并将新型城镇化和传统城镇化进行比较，得到更深层次、更具有时代感的内涵和特点，这对二三线城市中社区建设的影响应该更具有时效性和新阶段的特点。另外，本书对比分析了国内外的社区建设，讨论了国外社区发展的经验教训。我们都深知城镇化进程不仅仅是改变居民的身份、改变居民的职业以及改变居民的生活场所和生活方式等，国外社区在社区公共服务、社区组织、社区社会保障实施、融入城市社区社会文明等方面更具优势。因此，本书借鉴和吸取欧美发达国家的城镇化过程中相关社区建设的经验，从中获得一定的启示，能够使我国社区建设少走弯路。

1.6 资料和数据来源

本书所使用的资料和数据主要包括文献资料、统计数据、实地调研数据和访谈资料等四类。

本书在选题和写作阶段，进行了文献资料的收集、甄选和整理，主要包括查阅大量的中英文学术专著、刊物、硕博论文，检索国内和国外主要的数据库，获取相关的最新研究成果，并且利用国内外主要相关组织的官方网站和互联网相关的信息和资料。文献资料主要被整理形成城镇化和社区建设相关研究的综述。

本书的统计数据主要是来自各年度中国统计年鉴、地方统计年鉴和相关政府部门的统计数据等公开出版物。实地调研数据主要来自问卷调查和实地访谈调查等。根据二三线城市的实际情况，本书甄选三个来自东中西部地区的城市，分别是济南市、常德市和成都市，在上述城市的所选案例社区中发放调查问卷。在各案例社区中使用定向问卷调查，针对不同社区居民发放问卷总共330份，回收306份，回收率达到92%以上，其中有效问卷为285份，总有效率达86%。另外还针对社区里的市民政局相关部门的领导、区民政局社区部门领导和工作人员、街道主要工作人员和社区主任、党委书记、居委会主任、业主委员会代表、物业管理公司人员、社区居民等进行了实地访谈调研。

1.7　研究内容和研究基本框架

1.7.1　研究内容

本书共分为8个部分，基本内容和主要观点概述如下：

第1章，导论。本章阐述了本书的研究背景，主要探讨新型城镇化与社区建设的关系，明确了本书的研究意义和目的，并界定了研究的相关范围，即我国二三线城市中新进城居民，还明确了研究方法，整理了相关研究资料和数据的来源情况，并指出可能的创新点与主要特色。本章也就是整个研究的起点和逻辑基础。

第2章，文献综述。尽管新型城镇化和社区建设本是不同的研究领域，但是两者之间存在种种联系。笔者对两者的相关概念、城镇化理论和社区建设理论进行整理探究。中国存在区域差异化、发展程度不一的问题，社会转型还未完成，其他学者更关注社区人口空间转移等带来的问题，笔者认为社区建设更应该注重居民进入城市后其社区生活的需求，并寻求将这些需求与"自上而下"的发展相匹配，使得上下能够对接、平衡，以此为我国新型城镇化发展背景下的社区建设提供新的思路与范式。

第3章，新型城镇化下社区建设的理论基础。本章首先根据马克思主义相关的理论，辩证性地对"新型城镇化"的"新"的本质特征进行了分析和阐述，点出"新"的具体表现与内容。再基于财政理论对社区建设进行分析，抓住公共服务这一分析要点，运用公共产品理论、公共选择理论对社区建设的发展进行论述。最后，考虑到

"人的城镇化"也就是意味着社区居民要最终融入社区以及城市生活，结合社会融合理论在社区层面探索解决新进居民融入问题的途径。

第4章，新型城镇化背景下二三线城市社区建设现状的实证分析。本章以第3章讨论的三个理论为基础，并以公共产品或服务为工具，设计相应的问题，分别在我国东部、中部、西部三座城市进行问卷调研，对得到的数据进行实证分析，以揭示目前我国新型城镇化背景下二三线城市社区建设的现状，探讨其存在的主要问题以及根源，为后续的路径选择提供切实的、可靠的依据。

第5章，国外城市化过程中社区建设特征与启示。本章主要选择英美两个城市化和社区建设起步很早的国家，从历史发展角度梳理国外城市化背景下社区发展的情况，为第6章提出具体路径做铺垫，在某种程度上说更是一种经验佐证，启示笔者就目前我国新型城镇化发展阶段下社区建议应该选择什么样的路径。

第6章，二三线城市社区建设的路径研究。本章还是抓住公共产品或服务这一工具，主要提出社区建设的"自上而下"与新型城镇化背景下应该"自下而上"发展，并形成通畅的渠道，为新进居民和社区居民融入城市生活探求可行的路径，并导出社区建设主体更多的应该是社区组织。换句话说，也就是本书基于前述章节的综合分析结果，从公共产品或服务的供给侧与居民百姓的需求侧进行分析，试图通过社区组织这一路径的建设实现供需的平衡，提高百姓满意度以及城市融入程度。

第7章，新型城镇化进程中社区建设的财政探索。社区建设特别是公共服务或产品是离不开财政的，本章对我国社区公共财政现状以及特征作出分析，并就财政支持社区建设提出相关设想，以进一步夯实社区建设的财政基础。

第8章，结论与展望。本章主要总结前面章节的主要结论，包括政府是多元化社区建设的主体、社会力量是社区建设高质量发展的助推器、"社区群"是社区建设的"集成器"、财政是社区建设的根本保障、城镇居民是社区建设的本源等。同时，本章还总结了本次研究的局限并提出了日后继续研究的方向。

1.7.2　研究基本框架

本书在总结国内外相关研究论述的基础上，从财政学的视角出发，探讨新型城镇化与社区建设的理论基础，明确新型城镇化对社区建设的要求，并分别对三个城市进行实证性研究，抓住新进城社区居民这一个体身份，分析了我国二三线个别城市在新型城镇化进程中的社区建设现状、特点，特别是针对社区各个社区内部组织进行分析，寻求我国城市社区建设的路径，并最终结合社会实际探索社区公共财政问题以及提出社区建设中组织构建的建议（如图 1 - 1 所示）。

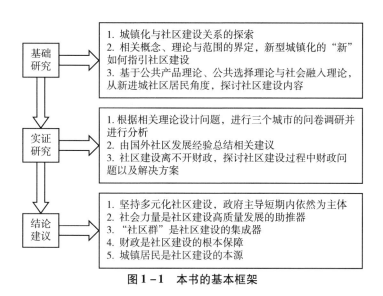

图 1 - 1　本书的基本框架

文献综述

2.1 相关概念辨析

2.1.1 社区

1. 国外关于社区的定义

社区这一名词源自英文单词"community"，第一位在著作中使用这个英文单词的学者是英国的一位相当于法官和历史学家的学者，名叫梅因（Henry James Sumner Maine），是在其1871年的著作"Village Communities in the East and West"中出现的，这本书解释了一种古老时期的社会现象来说明法律和政治理念的发展过程。[①] 然而，引起对社区一词关注与讨论的主要推动者应该是著名的德国社会学家和哲学家费迪南·滕尼斯（Ferdinand Tönnies）和他在1887年出版的德语著作"Gemeinschaft and Gesellschaft"，英文译为"Community and Society"（即"共同体和社会"或"社区和社会"）。根据费迪

---

① Yuan，Bingda and Meng，Lin（2000）"The Theory of Community"，China Textile University Press，p2.

南·滕尼斯的说法，Gemeinschaft（经常被翻译为 Community）是通过个体成员的主观意愿而存在："Gemeinschaft 的存在依赖于合成整体的意识和相互依存条件的认可。"

第一次世界大战之后，费迪南·滕尼斯的说法受到了越来越多学者的关注。美国学者查尔斯·罗密斯（Charles Loomis）博士将费迪南·滕尼斯的著作"Gemeinschaft and Gesellschaft"翻译成英文版本"Community and Society"。而其实英文单词"Community"一词源来自拉丁词"Communitas"，意思是共同的关系和情感，查尔斯·罗密斯博士也许就是看重这个英文词语的原意，而提出社区意在共同的东西和亲密的伙伴关系，这与费迪南·滕尼斯对"社区"一词意思的理解产生了较大的区别。尔后，美国的城市社会学家罗伯特·帕克（Robert Park）认为社区有一定的地域性，"社区不是社会"等。

随着人类文明的发展与社会的进步，社区这一个词语所包含的含义也在日新月异地发展，国外的学者在研究社区时以及人们在使用社区这一概念时都不断地赋予它新的含义，由此，对于社区这个词语的定义也就有了很多种，主要国外学者定义有：

菲利普强调社区的三个要素是地域、共同实现的目标和群体，指出社区是居住在某一特定区域的、共同实现多元目标的人所构成的群体。在社区中每一个成员都可以过着完整的社会生活（蔡禾，2005）。

邓肯·米切尔强调共同价值观和认同感，认为社区指占有一个地理区域的人们的群体，他们共同从事经济活动和政治活动，基本上形成一个具有某些共同价值标准和相互从属心情的、自治的社会单位，城市、城镇、乡村或者教区就是社区（蔡禾，2005）。

美国社会学家乔治·希勒里在 1955 年时收集了 94 种不同的有

关社区的定义，尝试识别这些定义中相同的含义，并总结指出：大多数的学者认为社区是包含着一定区域范围内人的社会互动关系，且有一种或多种附加的关系。[①] 在此之后，一些社会学家还在对有关社区的定义进行统计，贝尔（C. Bell）和纽柏（H. Newby）在1971 年对社区的定义再次进行了统计，有关社区的定义已经增加至98 个。1981 年，美籍华裔社会学家杨庆堃统计社区定义时发现已经多达 140 多种了（黎熙元，1998）。

尽管随着社会的发展、经济的不断增长，社区的内容和特征也发生了不同程度的发展变化，但是社区的内涵实际上是一个不仅仅包含地域限制、地域社会组织、共同情感和互动关系等特征的更为广泛的概念。

2. 国内相关社区的定义

美国的城市社会学家罗伯特·帕克 1932 年应燕京大学之邀来华讲学的时候，带来了英文单词"Community"，而后在 1933 年，以费孝通为首的学生将帕克社会学论文翻译为中文版，将英文单词"Community"翻译成"社区"。由此以后，我国各学科的学者们对社区进行了研究，也得到了一些不同的定义：

（1）社区是居住于某一地理区域，具有共同关系、社会互动及服务体系的人群。[②] 社区是一个人群，他们住在相当临近的地区，具有若干共同利益和共同服务，面临若干共同问题，产生若干共同需求，从而产生一种共同的社区意识。为了达成其共同的目标，他们互助合作，采取集体行动，以求共同发展（蔡禾，2005）。

① Hillery，George A.，Jr. 1955. "Definitions of Community：Areas of Agreement". Rural Sociology，20（4），p. 111.

② 秦瑞英，闫小培. 城市化进程中城市社区变迁探究——以深圳为例［J］. 现代城市研究，2013（7）：72 – 75.

（2）社区是指聚集在一定地域范围内的社会群体和组织，根据一套规范和制度结合而成的社会实体，是一个地域性社会生活共同体。[1]

（3）社区是建立在地域基础上的、处于社会交往中的、具有共同利益和认同感的社会群体，即人类生活共同体（蔡禾，2005）。

我们从国内主要学者的定义中可以看出，虽然其各自的出发点以及研究角度不同，但是将空间单位作为社区定义的关键词却都是一致的。直至目前，我国学术界对社区的定义还没有一个清晰、统一和完整的表述，但是学者们强调空间、地域性因素对于社区的研究是非常关键的。

2.1.2　新型城镇化

早期的城市雏形应该在公元前 3000 年左右就已经出现，主要位于农业发达、交通发达的尼罗河流域、两河流域、古印度以及中国的黄淮—长江流域等地区。直到 1867 年，西班牙规划设计师赛达（A. Serda）在其专著《城市化原理》中从工程技术的角度首次使用了 Urbanization 一词。Urbanization 一词的中文表述有"城市化""城镇化""都市化"三种，因为国外的城市化水平一直来都较高，学术界比较认可"城市化"这一种提法，对这一概念的争议也不大。

但是国内学者对于"城市化"还是"城镇化"的提法一直还有些许争议，直到中共中央的正式文件提法为"城镇化"，这样才越来越明确。其实"城市化"或"城镇化"的提法，实质上两个

---

[1]　赵马钢. 安徽省庐江县城社区管理体制研究［D］. 合肥：安徽大学，2012.

概念应该是一致的，但是学术界对两个概念进行辨析时，发现还是有所区别。一些学者认为广义的城市化应该包括城镇化，城市化更偏重于大中城市的发展，而城镇化注重的是小城市和镇的发展。此外，有些学者认为城镇化的概念会大于城市化，因为城镇化不仅包括城市，还包括小城镇；城市化涵盖大中小城市，但是不包括小城镇。

1. 国外关于城市化的定义

日本经济学家山田浩之对城镇产业构成和人口构成之间的关系进行了研究，并提出了城镇产业人口联动模型。他认为，城市化的内容从大的方面可分为两部分：一部分是在经济基础过程中的城市化；另一部分是在社会文化过程中的城市化现象。[①]

美国著名社会学家沃思（Louis Wirth）在"Urbanism as a Way of Life"（1938）一文中就曾提到：城市化意味着乡村生活方式向城市生活方式发生质变的全过程。[②] 美国学者索罗金（P. Sorokin）认为，城市化就是变农村意识、行为方式和生活方式为城市意识、行动方式和生活方式的全部过程。日本社会学家矶村英一认为，城市化的概念应该包括社会结构和社会关系的特点，城市化应该分为形态的城市化、社会结构的城市化和思想感情的城市化三个方面。[③]

据《不列颠百科全书》对城镇化的定义，城镇化是指人口向城镇集中的过程。而这个过程主要表现为两个方面：一方面是城市人口规模会不断扩大，另一方面是城镇的数目会增多。

2. 国内关于新型城镇化的定义

城镇化和新型城镇化是我国政府和学术界创造并主要使用的一

① 山田浩之. 城市经济学［M］. 魏浩光等译. 大连：东北财经大学出版社，1991.

② Louis Wirth. Urbanism as a Way of Life［J］. American Journal of Sociology，1938，44（01）：1 – 24.

③ 崔功豪等. 城市地理学［M］. 南京：江苏教育出版社，1992：68.

个词语。

汪光焘（2002）认为，城镇化是伴随着现代工业和信息社会、经济社会分工的细化而产生的人口向城市集中的过程。[①]

洪银兴（2003）认为，需要突出城市化的功能意义，即要在城市聚集人流（主要指科技和管理人才）、物流、资金流和信息流，聚集主导产业，聚集科技教育。[②]

城镇化是人类生产和生活方式由乡村型向城市型的历史转换，表现为乡村人口向城市人口转化以及城市不断发展和完善的过程。[③]

城镇化是农村人口向城镇转移、集中以及由此引起的就业结构非农业化重组的一系列制度变迁的过程。[④]

新型城镇化则是在总结、汲取国内外相关城镇化发展经验和教训的基础上，持续地、努力地克服城镇化进程中城乡二元结构的矛盾、基础设施建设的滞后、农民工难以融入城市生活、城乡收入差距增大以及环境破坏等矛盾和问题。

陈柏庚、陈承明（2013）认为，新型城镇化内涵就是坚持以人为本，优化产业布局，转变发展方式，引导农村人口向城镇转移并融入城市，推进各类城市协调发展，提高城镇化质量，提升城乡居民生活水平。

党的十八届三中全会决定深入阐释了新型城镇化的内涵，即：推进以人为核心的城镇化，推动大中小城市和小城镇协调发展、产业和城镇融合发展，协调推荐城镇化和新农村建设。优化城市空间

---

① 汪光焘. 关于当代中国城镇化发展战略的思考 [J]. 中国软科学，2002（11）：2－10.

② 洪银兴. 城市功能意义的城市化及其产业支持 [J]. 经济学家，2003（2）：29－36.

③ 国家建设部. 城市规划基本术语标准《中华人民共和国国家标准·GB/T50280－98》. 1998.

④ 国家统计局课题组. 我国城镇化战略研究 [J]. 经济研究参考，2002（35）：14－25.

结构、管理格局，增强城市承载力。①

2014 年印发的《国家新型城镇化规划（2014 – 2020 年）》明确新型城镇化要突出"以人为本、四化同步、优化格局、生态文明、文化传承"主体思路。新型城镇化的实质是"以人为核心的城镇化"，首要着眼点在"化人"，应突出农民市民化的发展主线，有序推进农村转移人口市民化，积极落实常住人口的市民化待遇；更强调"造城"与"化人"的协调一致，应根据"人的城镇化"程度来决定城市规模以及相应的基础设施。

实事求是地看，我国地域辽阔，各地区居民受教育程度差异可能较大，东部、中部、西部的情况各异且较复杂。但是，新型城镇化道路就是依据我国现阶段实际城镇发展情况和经济现状，最终推进我国的现代化和城镇化进程的科学、合理的方式。本书更侧重于我国数量更多的二三线城市，因此表述也就全部统一使用"新型城镇化"这一名词，欲包括一线、二三线城市甚至县城等小城镇。

2.1.3　二三线城市的界定

有关二三线城市的划分目前还没有一个权威的标准，某一个城市在这个机构被认定为二线城市，在另一个机构也许就是三线城市了。美国的会议策划国际组织（Meeting Planners International Organization）曾定义二线城市为人口超过 30 万少于 100 万的城市，但在中国的实际情况可能是少于 100 万人口的地区只是城市中的一

---

① 中共中央关于全面深化改革若干重大问题的决定［OE/BL］. 国务院新闻办公室网站，2013 – 11 – 15.

个区县甚至是一个县乡镇。这样看来人口数量是主要界定因素，因此本书将"二三线城市"界定为我国"各省会城市以及建制市县的城市"。①

2.2 关于城镇化理论的相关研究

2.2.1 国外关于城镇化理论的研究

1. 城镇化的发展阶段

雷·M. 诺瑟姆（Ray M. Northam）将不同国家和地区的人口城镇化进程（即城市人口占总人口比重的提高）的共同规律描述为一条被拉平的 S 形曲线，并将城镇化进程分为三个阶段：（1）城镇化水平低下、发展速度缓慢的初期阶段，其发展态势反映为 S 形曲线在左下段，曲线斜率较小；（2）人口向城市迅速聚集的中期阶段，其发展态势反映为 S 形曲线的中间段，曲线斜率较大；（3）进入高度城镇化以后城市人口的增长趋于缓慢甚至停滞的后期阶段，其发展形态反映为 S 形曲线的右上段，曲线斜率较小。②

日本学者今野修平总结了产业革命以来的城市发展，认为近代世界各城市发展一共经历了三个阶段：第一个阶段，城市化（urbanization）；第二阶段，特大城市化（metropolitanization）；第三阶段，特大城市群化（meglopolitanization）。③

---

① 李林，饶守艳. 我国二三线城市中小企业发展困境与对策分析 [J]. 改革与战略. 2016（8）：123 – 127.

② Ray M. Northam. Urban Geography [M]. New York：John Wiley & Sons，1975.

③ 周牧之. 城市化：中国现代化的主旋律 [M]. 长沙：湖南人民出版社. 2001：281.

2. 刘易斯的二元经济论

刘易斯曾经用城乡二元经济论对城镇化进行理论阐述，主要是从城镇工资收入和农村务农收入存在区别的角度阐释人口城镇化的原因。社会生产的工业部门主要存在于城镇，具有一定的先进性，但是传统的、落后的农业部门同时存在，两个部门由于生产效率不同，劳动者获得的收入也会存在差异，因为这种生产效率导致的居民收入差使得劳动者更倾向于前往城镇务工。因此，人口出现涌入城镇的现象，经济因素或利益驱使是主要原因。

不过，这种流动只会存在于上述两部门存在差距或者差距较大时，一旦这样的差距很小或不再存在差距，人口的流动也就会相应地停止。那么在这个前提下，所谓的城乡二元经济结构会随着人员的停止流动而消失。

尔后，著名的英国经济学家刘易斯在其著作《经济增长理论》中对"二元经济"模式展开进一步的分析。刘易斯认为经济发展的过程就是现代工业部门扩展和传统农业部门收缩的过程，这个变化过程会一直持续到农村剩余劳动力全部转移完毕为止，也就是产生城乡统一的劳动力市场。此时出现刘易斯第二拐点，现代工业部门与传统农业部门的边际产品完全等同，城乡差距消失，完全不存在城乡二元经济，经济发展模式进入新古典经济学主要阐述的一元经济模式，此时劳动力市场上的工资为均衡工资。他把城乡二元经济模式划分成两个时期：第一时期是劳动力无限供给时期，这一时期劳动力供大于求，处于劳动力过剩的状态，劳动力工资的高低由维持其最低生活需要的生活资料价值决定；第二时期是劳动力供不应求出现劳动力供给不足的时期，在这一时期，农村的剩余劳动力已经涌入城镇并全部获得工作，这个时候工人工资的高低就由劳动的边际生产力决定。也就是由第一时期转入第二时期，劳动力供给由过多转变为不足。劳动力供给曲线呈一体向上方倾斜的曲线，劳动力工资不断增加，经济学界把第一时期和第二时期的交点称为刘易斯转折点。①

3. 马克思关于城镇化的研究

经过对整个人类发展历史的考察，马克思提出关于城市发源的问题，他认为城市其实比国家还要更早地出现在人类的发展史上，根本的原因是社会生产力的发展，社会生产力到达一定程度的时候就会产生社会劳动的分工，不同劳动生产出来的商品会产生交换，那么"城市本身就表明了人口、生产工具、资本、享乐和需求的集中"。② 马克思利用生产力在城市发展历史中的状况分析，表明社会生产力和社会分工是城市化发展的根本动力。

另外，马克思在著作《资本论》中试图找到农村人口流动进入城市以及人口城市化这一现象的通用规律。马克思认为，劳动者和劳动资料的分离可以顺利实现资本的原始积累。资本的原始积累给企业提供了初始的启动资金，而劳动者和劳动资料的分离为农村剩余劳动力流入城镇成为产业工人进行了最好的准备。正是这种积累与组合为工业的启动与发展提供了源源不断的劳动力，加快了人口城镇化的速度。农村人口不再从事农业生产、融入城镇寻找非农就业机会的最直接的原因就是在城镇可以获得比在农村从事农业生产更高的收入，比较效益十分明显。

这样看来，马克思也基本认为农村和城市的居民收入差促使农村人口迁移进入城市，使得城镇人口能在某些时期迅速集聚，收入

---

①③ 李中．"两型社会"建设背景下湖南新型城镇化路径研究［D］．长沙：中南大学，2014．

② 胡若痴．中国新型城镇化下的消费增长动力研究［M］．北京：经济科学出版社，2014．

是一个非常关键的因素。

2.2.2 国内关于城镇化理论的研究

1. 对中国城镇化水平的研究

度量城市的发展程度一般采用国际通行的一种方法，用居住在城市的城市人口数占总人口数的比重来表示一个国家或者地区的人口城镇化水平（Level of Population Urbanization）。但这种衡量方法也因具有明显的弊端而受到不少批评。如约翰逊（Johnson）认为以这种方式度量城镇化水平的弊端是它并不能反映城市的规模状况，因为一个农村人口少的国家里，只有一些小城镇，也能产生一个高水平的城市化。同时，这种度量方法不能准确地反映城市增长的过程，因为即使城市人口在膨胀，只要农村人口也相应增长，城市化水平就不会有显著提高。世界上许多发展中国家都属于此类情况，以这种统计方式度量的城市化，乍看起来并不重要，但实际上城市增长的绝对量却可能相当可观。①

由于用上述指标来衡量城镇化水平在某种程度上存在缺陷，因此一些学者便尝试着采用复合性的指标来衡量城市化。吉布斯（Gibbs）提出"城市的数目""绝对的城市人口数量"和"不同规模等级中的城市人口分布"三个指标来进行城镇化的衡量。阿瑞加（Arriga）指出，城市化过程是一种多维现象，没有单个的度量能够有效地反映城市化的各个方面。②

在对我国城镇化水平测量的方法上，国内的学者主要也是采用

---

① 何志扬. 城市化道路国际比较研究［D］. 武汉：武汉大学，2009.
② 王维峰. 国外城市化理论简介［M］. 城市问题. 1989（1）：21－24.

单一指标法和复合指标法。单一指标法就只是依据单一的城镇人口与该国家或者地区的人口总量比值作为城镇化水平数值，但是复合指标法就除了这一比值外，还会考虑到城镇居民生活质量、城市经济效益等相关指标，试图建立一个复合的评价指标体系，从而能够更科学准确地反映出全国的城镇化发展的水平。

除了测量方法不一致外，我国学者对城镇化发展水平的认识也存在不一致，学术界对我国城镇化水平发展现状主要有三种不同的看法。（1）中国城镇化水平严重滞后于工业化和经济发展水平。这也是目前学术界较为普遍的一种看法。（2）中国城市化水平与工业化和经济社会发展水平基本一致，不存在城市化发展明显滞后。（3）中国存在着隐性超城市化。

2. 剩余农村劳动力转移的相关研究

剩余的农村劳动力向城镇发生转移是许多发展中国家都遇到的一个社会规律。中国学者从不同角度对不同时期中国的农村剩余劳动力转移进行了研究。蔡昉（2001）认为，中国的劳动力转移包括从迁出地迁移出去和在迁入地居住下来两个阶段，并指出除了国际非法的劳动力流动外，国外大多数迁移都意味着同时完成这两个过程，但中国的迁移者面临的情形是他们迁移出去后并不预期能够在迁入地长期居住下去。同时他还认为，迁移的两个阶段上的制度约束，对于农村劳动力的迁移结果具有决定性的影响，只有当乡—城人口迁移不再受到制度约束时，迁移的两个过程才可以同时完成。① 刘传江（2008）则认为农业剩余劳动力的乡—城转移在过程上可分解为流动过程和稳定过程两个阶段，彻底的乡—城劳动力转移过程实质上是农村劳动人口（劳动力）离农后实现产业转移和地域

---

① 蔡昉. 劳动力迁移的两个过程机器制度障碍 [J]. 社会学研究，2001（4）：44 –51.

转移的协调和统一。因此他认为不能抽象地探讨"农民市民化",要用"农民非农化理论 + 农民工市民化理论"的"两步转移理论"取代传统的"农村人口城市化"或"农民市民化"的"一步转移理论"。①

因此,中国农村剩余劳动力转移到城镇中是一个曲折的历程,在我国无法同时实现农民工的非农化与市民化,而只能是农民先转换为农民工来实现非农化,再由农民工转变为城市居民来实现城市化。

2.3　关于社区建设的相关研究

2.3.1　国外城市社区研究

伴随着 19 世纪末工业化进程在西方国家的迅猛展开,城市化和城市社区也相继出现,国外的学术界对城市社区深入和广泛的研究也始于这个时期,大多数的学者的研究主要集中在城市社区理论的领域。随后才有学者慢慢开始对城市社区运行过程、未来社区和理想社区等方面进行逐步深入的探讨。

1. 城市社区运行相关理论

美国著名学者桑德斯对社区互动和社区运行等方面的相关研究成果影响了不少学者。桑德斯把社区视为特定地域范围内比较持久

---

① 刘传江,徐建玲 等．中国农民工市民化进程研究 [M]．北京：人民出版社,2008：17.

的社会互动系统，他提出的最具影响力的社会互动模式，分别从人、社会关系、社会团体、社会类群、次体系（社会网络）和主体系六个层次剖析社区结构，认为社区是由家庭、经济、政府、宗教、教育与媒介、卫生、福利及娱乐等体系构成的整体。作为一个复杂的开放系统，社区运行受到社区的自然水生态环境、人口统计特征、文化或社会遗产、人格特点、时间因素和社会背景等各种环境因素的影响，在这些环境因素的综合作用下，社区内人与人、人与群体、群体与群体的互动将表现为合作、合并、竞争、同化、冲突、适应等各种形式，而社区正是在各种类型和形式的互动中运行的（桑德斯，1982）。①

2. 未来社区和理想社区的研究

以"现代管理学之父"彼得·德鲁克命名的德鲁克基金会出版了一系列《未来丛书》，其中，《未来的社区》一书汇集了世界各国 20 多位社会学家、企业家、教育家等对社区性质的不同探讨，提出了对"未来社区"和"理想社区"的展望（德鲁克基金会，2006）。

（1）重建城市社区。彼得·德鲁克曾提出，建设新社区是避免世界各大城市陷入混乱的重要手段。与乡村社区相比，城市之所以吸引人，是因为它能够让人摆脱强制性和限制性，但同时这又是一种破坏性因素，因为城市没有自己的社区。我们的任务就是要创建一种前所未有的城市社区，与历史上的传统社区不同，城市社区应该是自由自愿的，并且也要为城市中的个人提供机会，让他们取得成功，做出贡献，脱颖而出。② 而这是政府或商业组织力不能及的，

---

① 程玉申，周敏. 国外有关城市社区的研究评述 [J]. 社会学研究, 1998 (4)：56 – 63.
② 杨吉. 一本跨"世纪"的社区读本——评德鲁克纪念版《未来的社区》[J]. 北京：社区, 2007 (3)：49.

只有社会部门的机构，即非政府、非营利性组织，才能创建社区，满足现代市民特别是受过高等教育的知识工作者的需要，而他们正成为在社会发展的主流。① 因此，非营利性社会部门组织的蓬勃发展，对于在城市这一新兴的社会主导环境中进行社区建设尤为重要。

有三种因素会影响并引起美国社会部门的巨变，任何想要建设未来社区的人，都必须考虑这三种重大的变革潮流：①婴儿潮一代的影响。20 世纪 50～60 年代人口生育高峰极大影响了美国的文化，婴儿潮中出生的人有着富足的生活，有知识储备和经验，有高于平均水平的健康状况，未来还有 25～30 年的岁月，他们将在很大程度上决定未来 30 年的社区发展。②"新教堂"的出现。新教堂一直是美国社区的重要组成部分，新教堂从五个基本方面重新定义了社区的性质和作用：对领导力和领导力发展的强调、同班学习网络、文化关联、强调在社区内满足个人的需求，以及努力争取外人的加入，从而使新教堂聚集了大量的人群，它不仅是对宗教社区，更是对非宗教社区的重新配置。③社会企业家（Social Entrepreneur）的兴起。社会企业家是为了创造更高的产出率而改变社会部门流程的人，他们关注的不是问题本身，而是解决问题的可能性，是提供可实际改变居民生活和环境的方法，注重的不是慈善，而是改变。

（2）理想社区的基本要素。未来理想社区必须具备四大要素：①彼此信任。社区内人人都追求正义，尊重法律、秩序和法则。人与人之间因值得信任而彼此信任。城市备受重视，撒谎、欺骗、偷盗受到严惩，人们乐于遵章守法，因为人们都知道，解决所面临的

---

① 秦瑞英. 城市社区演变与治理 [M]. 北京：经济科学出版社，2012：20.

社会问题的真正办法需建立在一定原则基础之上，那就是共同的愿景和协同。②同心协力。社区内人们高度重视同心协力，重视真正的服从，而不只是一致。他们意识到，人与人之间是相互依赖的，企业和社区是相互依赖的，营利部门和非营利部门之间也是如此。成功的关键是联系、联系、再联系。社会的每一个部门都必须实现一定层次的独立，才能进一步相互依赖，个人成功，整个社会才能成功。③思想一致。社区应该有自己的使命陈述。每个人用一段时间参与其规划，以便能围绕这一使命陈述形成一定的道德规范和行为准则。人们尊重差别，甚至将差别看作优势。他们首先真诚地寻求理解，而不是一心想出于个人利益去操纵他人。④经济平等。健康、富裕的社区要帮助不健康、贫穷的社区。社会部门的管理者应该是有爱心、关心他人、极富社会责任感的人，他们关心的是整个环境、儿童、老人和社区安全。

（3）构建成功社区的五大基石。

决策机制：未来成功的社区将是一个有对话和慎思传统的组织，它要求寻求社区存在的共同基础，关键就是要进行共同决策。集体决策机制使得建立彼此信任以及关系网络成为影响人们生活的重要方面，将会增加每个社区中集体调停或会议制度的稳定性。

社区工作组织：社区要发挥强大的潜力就不要过多注重形式，而要更多关注工作的具体情况。21世纪的社区组织不再是金字塔式的，而更像是一系列相互关联的链条。结构的变化使得一个社区组织的工作将依赖于对"全局"的期望和对梦想的了解。

可接近的社区生活：未来成功而稳定的社区将是一个所有人都可以参与社区生活的团体，公开的会议、沟通和平等的参与将成为普遍的社区准则。参与还意味着融合，成功的社区将不仅拥有实体场所，也将为社区中不同种族、信仰以及不同意见准备足够的精神空间。

创建多元化的社区管理方式：基石是有着悠久组织领导传统的社区，也会不断构建多元化的管理体系。决策将不再是只由少数人来制定，必须让不同层级的人在社区远景的指引下共同作出决策。

为了下一代：成功的社区会考虑明天做什么。社区更多考虑的是发展问题，是从大多数人的利益出发，明确自己所面对的问题和机遇是相互交织的，不仅要关注生理和社会健康，也将把社区经济健康作为首要重点，要对所有的孩子都有承诺。

2.3.2　国内城市社区研究

1. 社区建设

从 20 世纪 90 年代开始，城市的社区建设在全国范围内迅速推进，我国学者对社区建设的实践研究也紧锣密鼓地开展起来。何金晖（2010）在对社区建设研究进行梳理后认为，因着眼点不同，社区建设呈现两种取向：一种是强调城市管理权下放和国家权力整合，着眼基层政权建设，扩大基层政府职能；另一种是强调社区动员、居民参与及社区自治，着眼社区共同体的形成，以社会整合形成社区之社会。孙晓青（2009）认为，社区治理由单一政府主体转变为政府与各类社会组织的多元治理主体，治理过程由行政为主体转变为政府与各类社会组织的多元治理主体，治理过程由行政为主变为民主协商为主，治理组织网络由垂直变为横向。康宇（2007）指出，社区居委会、业委会和物业公司等主体利益博弈影响治理效率、"社区失灵"困扰社区建设、非政府组织作用不能充分体现等。徐勇（2001）则认为，社区建设内在要求强化居民自治导向，以降低管理成本，扩大公民有序参与。根据《民政部关于在全国推进城市社区建设的意见》，社区建设是在党和政府的领导下，依靠社区力量，利用社区资源，强化社区功能，解决社区问题，促进社区政治、经济、文化、环境协调和健康发展，不断提高社区成员生活水平和生活质量的过程。

在社区建设实践中，我国城市基本形成了"两级政府，三级管理，四级落实"的管理体制。"两级政府"是指市、区两级政府；"三级管理"是指市、区、街道的三级管理；"四级落实"是指市、区、街道、居委会的四级组织落实。"二三四"管理体制的重点在于加强街道和居委会的建设，关键在于市、区两级政府要逐步放权给街道，建立责权利统一、条块结合、以块为主的管理体制。

社区建设是一个系统工程，如果说要建立一种工作机制，必然是一个调动方方面面力量、上下左右协调联动的机制。概括起来就是《民政部关于在全国推进城市社区建设的意见》指出的"党委和政府领导、民政部门牵头、有关部门配合、社区居委会主办、社会力量支持、群众广泛参与"的机制。

2. 城市社区类型研究

城市社区类型依据不同的标准和学科可以划分为不同的社区类型，加之我国幅员辽阔，城市发展各异，社区也是呈现多元化发展的特点。社区类型的划分主要有以下几种：

（1）吴缚龙（1992）、朱健刚（2000）、王颖（2002）、邹晓燕（2002）等根据城市社区特点和功能的空间关系进行了划分。

（2）根据社区经济、社会结构、规模等多种因素划分。张鸿雁、殷京生（2000）和张鸿雁（2002）都提到将中国的社区分为七种类型：传统式街坊社区、单一式单位社区、混合式综合社区、演替式边缘社区、新兴房地产物业管理型社区、民族宗教式文化社区、"自生区"或移民区。

3. 单位制、街居制与社区制的研究

社区建设在某种程度上反映了我国社会管理制度的变迁。中华人民共和国成立之后，"单位制"是主要的社会管理机制，"街居制"作为辅助机制参与社会管理。尤其在计划经济时代，国家通过单位管理模式对城市基层社会进行管理，也将城市社会进行单位化，单位成为国家控制社会的基本单元。路风（1989）认为单位是中国政治、经济和社会体制的基础，李猛等（1996）则认为单位是一种再分配体制，单位成员的大量幕后活动是单位得以运转的必然。李凤琴（2011）认为正是单位组织的功能复合性、非契约性和非流动性使单位逐渐形成了与生产社会化性质相悖的封闭结构，成为中国经济和社会现代化转型必然面临的挑战性问题。

单位制在我国社会管理中是一种创新，是一种自上而下的、高度集权的体制，为社会运转提供了高效率的保证，刘建军（2004）认为它改变了中国分散零乱的格局，创造了在一个超大型社会进行有效治理的范例。但是单位制对单位以外的社会个体难以覆盖。因此《城市街道办事处组织条例》和《城市居委会组织条例》的问世，开创了我国城市管理由街道办事处和居委会共同构成的"行政性"特强的"街居制"的新时代。随着社会日益发展，我国的一些学者又提出用社区制的理念来克服单位制和街居制的弊端和困境。侣传振（2007）曾指出，从单位制到社区制的变迁，实质上是城市治理结构从全能空间向合作空间的转换，同时也是国家与社会关系的重新组合。目前来看，社区已经是我国城市基层社会不可缺少的一个管理单元，然而对"社区制"的探讨还值得进一步深入，这会对我国城镇化进程中社区治理提供更多的理论基础以及大量的社区管理实践。

4. 中国新兴社区的研究

随着我国城镇化进程不断发展，以及计划经济体制逐步转变为市场经济体制，人员流动性增大，城市的空间和社会结构都在发生分异，城市社区的分异格外明显，大量新型社区的不断出现，引起了我国学者们的共同关注。在国内学者们的研究中，新型社区主要有封闭式社区和转型社区两种类型。封闭式社区是指 20 世纪 90 年代以来建设的商品房住宅社区，它们大多是有门有墙、公共空间私人占有的，也有一些国内学者称之为门禁社区、新建社区、商品房社区等。转型社区是指快速城市化过程中出现的，处于农村向城市社区过渡阶段的社区。国内很多学者将其称为"城中村"，最主要的特征是建筑景观、管理体制、社会结构从农村向城市的转变，故称作转型社区。

目前，国内学者对封闭社区的研究相对较少，已有的一些研究主要集中在封闭社区的空间分布、对城市社会的影响、社区权力结构等。

有学者分析指出，中国城市居民由单位人向社会人转变，封闭社区也是从单元社区向封闭商品房社区转变，在不同的社会经济条件下，封闭社区的功能不同：在计划经济体制下，封闭体现了国家有组织的政治控制和集体消费，改革后期，封闭社区所引起的城市破碎形成了新的不安全因素，这成为中国城市社区建设面临的主要问题之一（Fulong，2004，2005）。

目前，对于转型社区的研究，我国学者主要是集中在概念、特征、形成机制等方面。

5. 社会组织与社区建设研究

社区建设现如今已不再仅仅局限于社区内部事务的管理和社区固定地域空间的活动，而是作为推动社会建设和社会管理的重要动力源泉，发挥着不可或缺的作用。社区社会组织作为社会组织的一个组成部分，其发展和实践对社区建设非常重要。从社会组织管理体制这一视角来研究社区社会组织的培育和发展，可以使社区社会组织的规模得以扩大，活动范围得以拓展，自治能力得以提升。这是因为社区社会组织的培育和发展与其着重参加社会管理和公共服务密切相关，这也必然要提高社区社会组织的能力，社区社会组织不再是小规模的自娱自乐的松散组织，而是成为具备自我组织、自我管理和自我服务能力的，能够参与社会管理和公共服务的具有一定规模的自治组织。①

社会服务往往和服务型政府联系在一起，社会服务是体现基本公共服务的重要思想，是开展社会管理重要的一部分，因此，社区服务可以成为政府公共服务的实施方式，加强社区服务工作可以说同时推动社会服务体制进行改革创新。

就社会组织和社区建设的相互促进关系，将公共管理、社会管理与社区治理相融合，体现了综合性的研究思路，主要是能够将城市治理和政府管理创新融入社区建设实践中，使社区建设的发展和目标更加清晰（李慧凤，2011）。

2.4　研究简要述评

应该说，国外学者对社区的特点、模式等做出过深刻的研究，我国学者在社区建设方面也取得了较为丰硕的成果，整体来看，越来越多的学科关注到了社区建设。但是中国的区域性很强，各地方

---

① 李慧凤. 社区治理与社会管理体制创 [D]. 杭州：浙江大学，2011.

发展的程度迥异，笔者认为新型城镇化的进程，不仅是空间意义上的人口转移与时间意义上生活方式的转变，更是一种对居民生活意识与思维判断的转换，居民需要在社区这个区域内开展日常生活，融入城镇社会，因此在新型城镇化推进过程中，不同背景的居民来到城镇后的需求到底有哪些，以及如何使得这些需求通过某种渠道得以正确表达更值得学者们关注。探寻社区自治和国家或地方政府治理形成上下合作的模式，在社区治理形式、社区管理的机制、社区组织创新、地方政府的角色扮演方面使得上下对接能够达到平衡，值得我们进一步探讨，因为这个平衡对下一步城镇化进程中的社区稳定发展将起到积极促进的作用。

新型城镇化社区建设的理论基础

3.1 新型城镇化与传统城镇化的论述

城市发展是一个亘古不变的命题，纵观人类发展的历史，城市的发展已经经历了六千多年，从最初个体的相互簇拥，到一定数量个体的聚集，时至今日，也还一直在延续与发展。城市化发生在 18 世纪英国的产业革命时期，而城市化这个名词也只是在百余年前才出现。因为城市化覆盖了众多的学科，本身也是一个复杂的结合体，中国的城镇是在 4000 多年之前产生的。公元前 5000 年，新石器时代的村落已经出现在河谷沿线，公元前 1700~1100 年，商朝时期出现了"大型城市中心"，这些城市大多是用装满泥土的麻袋堆积而成城墙，并且成为定居点供百姓常住，比较具有代表性的是出现在现如今河南省郑州市和安阳市的一些城市。在公元前 1046 年~前 256 年的周朝，这些城市的数量得到进一步爆发式的增长，城市的出现在这个年代已经不仅是为了扮演军事和行政角色，也衍生出了一些其他的功能。改革开放以后，我国的城镇化发展进入一个迅速提升的阶段，城镇化水平也是持续增高，2012 年的城镇化水平为 52.6%，2020 年的城镇化水平已经超过 60%。无论在历史上的哪个时期，城市的发展、城乡的关系都是整个人类社会发展中最为根本也是最为重要的一个部分。

在国家"十四五"发展规划出台的大背景下，我国的城镇化已经进入一个深入发展的时期，不仅是城镇化本身持续快速发展，而且城镇化也成为我国经济保持健康发展的一个强大的发动机，也是扩大内需、拉动消费增长的最大潜力之一，城镇化水平的提升，意味着更多的人口将要新进并居住在城镇。如此大量且快速的人口转移，已经要求现实中城镇化的发展不能再被简单地看作地方经济发展的手段和拉动地方 GDP 的硬指标，而应该真正从扩城建房转向以人为核心的发展路径。中央政府倡导的新型城镇化发展战略，强调以人为本，强调积极有序地推进农业人口和其他常住人口实现市民化，更强调了城乡经济社会统筹，最终形成城乡一体化发展的新格局。

3.1.1 从政治经济学角度剖析新型城镇化（基于马克思理论的城镇化辨析）

在前文的文献综述中，对于城镇化和新型城镇化都有相应的引述，由于城镇化涉及的领域比较广泛，发展的过程也是比较复杂，我国在城镇化发展道路上也走过不少弯路。受到西方城市更新理论和城市再生理论的影响，我国大小城市一度大规模进行城市的更新改造，甚至对当地的城市历史文化造成一定程度的损坏，这些皆因为对西方相关理论的生搬硬套，没有真正考虑我国的实际国情，以及城市所具有的特点，因此都是不符合我国城镇化发展的实际需要的。刘易斯建立的二元经济古典模型，确实在某种程度上符合我国二元经济特征，比如城乡发展的差距较大、农村人多地少、基础设施落后等，但是基于我国发展的历史，20 世纪 90 年代的国有企业改革，城镇中出现大量下岗职工，同时出现失业人员和新增劳动力的就业问题，也就没有办法像刘易斯提到的完全依靠城市工业部门来吸纳大量的农村剩余劳动力，这不是我国乡村城镇化的理论基础，也不适合我国城镇化的发展道路，总体来说，我们需要建立一个符合我国城镇化道路发展特点的理论基础。加之，新型城镇化这一名词在我国是一个非常新颖和具有独创性的词语，学者们对于这个提法也是各抒己见，没有形成高度一致的意见。对城镇化的相关讨论只是学者们看问题的角度不同而提出不同的意见，尽管对核心问题的看法基本一致，但是"新型城镇化"的"新型"具体指的是哪些方面，意见就不尽相同。第一种观点是程必定（2005）提出的：传统城镇化是人口转移型、是初级形态的城镇化，而新型城镇化是在人口转移的基础上进行的结构转移型、是高级形态的城镇化。第二种观点是许经勇（2006）提出的，新型城镇化是推动农村发展的城镇化，包括农村人口的城镇化、城镇系统密切联系的建立，以及农村居民生存条件、生活方式和生活质量等的城镇化。第三种观点是单卓然和黄亚平（2013）提出的，他们提出了新型城镇化的六大核心目标——平等城镇化、幸福城镇化、转型城镇化、绿色城镇化、健康城镇化和集约城镇化，概括了新型城镇化的四项重点内容——全面推进区域统筹与协调一体、稳步实现产业升级与低碳转型、大力坚持生态文明和集约高效、努力尝试制度改革和体制创新。

因此，笔者将尝试运用经典理论论证党的十八大提出的"新型城镇化是强调城乡统筹、城乡一体、产城互动、节约集约、生态宜居、和谐发展为基本特征的城镇化，是大小城市、小城镇、新型农村社区协调发展、互促共进的城镇化"，在理论上说明这一提法的适用性、时代性、可发展性。

以下将根据马克思主义相关理论，同时辩证性地结合这些理论对"新型城镇化"的"新"本质特征进行分析和阐述。

1. 新型城镇化是居民由农村转向城市的历史必然

马克思在一百多年前就曾指出，"现代化的历史就是乡村城镇化的历史"，另外，在《经济学手稿》一书中他也曾指出，"现代的历史是乡村城镇化，而不像古代历史一样，是城市乡村化"。由此看来，农村城镇化的发展规律或者说是发展次序，在现如今的中国这个特定历史阶段，新型城镇化是一种顺应时代发展的战略，目前阶段不应该回到封建社会那样的"城市乡村化"，也不会像西方发达国家那样进行逆城市化，而应该是在人口、资源、经济要素、信息在各个城市聚集之后，城市这一载体所能提供的功能也相应增加，同时辐射到城市周边区域甚至偏远农村地区，从而防止农村城市的极化效应，形成农村支持城镇发展，城镇带动农村、反哺农村、协同农村共同发展的局面。

2. 新型城镇化需客观认识城乡长期分离的格局

马克思曾经在《资本论》里提道："一切发达的、以商品交换为媒介的分工的基础，都是城乡的分离。可以说，社会的全部经济师，都概括为这种对立的运动。"城乡分离是社会劳动分工以及生产关系在矛盾情况下进行的对立运动而产生的一种社会现象，城乡居民分别在个人的劳动方式、生活习性、生产方式方面都有着明显的对立和分离，从而城乡居民之间在个人的政治身份、资产财产、商品交换等方面存在明显矛盾，[①] 并且城市拥有着乡村无法比拟的金融资源、生产要素等优质条件，所以常年城市在经济生活中一直

---

① 胡若痴. 以新型城镇化推动城乡一体化的马克思理论分析［J］. 河北经贸大学学报，2014（6）：18－22.

占据着主导地位，对乡村许多方面的发展有着深远的影响，这样城乡之间的利益差异最终使城乡分离的现象和城乡格局会长时间存在。

不可否认，这种分离与对立在某种程度上确实一直推动着人类社会的进步。马克思、恩格斯在《德意志意识形态》《〈法兰西内战〉初稿》《反杜林论》中分析了人类发展历史上两次大的城乡分离，同时也提出"大工业在全国的尽可能均衡的分布是消灭城乡分离的条件"，也就是说高度发展的生产力和先进的工业化是打破城乡分离和对立的先决条件，可想而知，这必将是一个漫长的过程。因此总的说来，我国提出的新型城镇化也应该承认城乡格局不可能在短时间内改变，不可能在短时间内将所有农村都发展为城镇，城乡两者对推动社会经济的发展和人类进步扮演着不同的角色，两者长时间并存是一个客观的历史现象，甚至可以说是人类发展史上一个长期的发展趋势。

3. 新型城镇化是城乡融合的发展

马克思、恩格斯曾在《共产党宣言》中提道："把农业与工业结合起来，促使城乡对立逐步消灭。"① 马克思、恩格斯肯定城乡分离对立对人类发展的作用，但是对由此引起的矛盾和差异同样也提出了批判，其认为按照人类历史发展的逻辑性，城乡分离的情况肯定是会被消灭的，最终实现城乡的融合。

传统的城镇化更多地关注农村支持城市的发展，一切都是为了城镇经济持续地增长，甚至在某些时候需要牺牲农村从而换取城镇的发展，长期以来导致城乡对立和分离的加剧，以及城乡二元结构的不平衡。但是恩格斯在《共产主义原理》《反杜林论》里曾多次

---

① 《马克思恩格斯全集》第一卷 [M]. 北京：人民出版社，1995：294.

提及"城乡融合"发展的概念，并且马克思也认为："城市和乡村的对立消灭不仅是可能的，而且已经成为工业生产本身的直接需要，同样也已经成为农村生产和公共卫生事业的需要。"[①] 工业不仅需要与城镇发展相结合，更是需要工业和农业发展到一定程度，为解决城乡发展不均衡的矛盾提供可能性和必然性。同时，马克思主义为城镇化发展道路提供了一个可预见的最终结果，那便是城乡对立的消除直至一体化这一历史发展的必然规律。因此说来，新型城镇化绝对不能继续走二元化发展的道路，需要积极通过城镇化进程的推进，缓和区域性差异过大导致城乡分离的现状。我国新型城镇化的发展一定是协调城乡资源，农村支持城镇，城镇反哺农村，在生产资料、资源和人力资本等各方面实现城乡统筹、城乡互补、动态平衡、共同发展，提高整个社会经济活跃度，促进整个社会的稳定与和谐，实现公共服务的均等，从而达到共同富裕的终极目标。

4. 新型城镇化将提供更全面、完善的公共服务，注重人的发展

在中华人民共和国成立以后，我国城镇居民更多地是通过"单位制"享用社会公共服务，各自的单位会向居民提供衣食住行各方面的物质供给，这是在某一特定发展阶段体现出来的阶段性公共服务供给特征。尔后经过改革开放，劳动力人口大面积流动，城镇居民的数量明显增加，社会公共服务的供给长期滞后，然而新型城镇化会遵循马克思主义提到的公共服务这一历史发展规律，明确这一理念，认识到在城镇中尽管生产力在不断地提高，社会总产品也在不断增大供给量，但是城镇居民对公共服务的需求是持续地、不断地扩大，对公共服务的要求和期待也会越来越高，要求新型城镇化

---

① 《马克思恩格斯文集》第九卷 [M]. 北京：人民出版社，2009：313.

提供更加全面和完善的公共服务，契合"人"的城镇化这一要点。并且，新型城镇化的进程将带动公共服务产品供给领域的发展，会促进我国产业升级和产业结构转换的加速完成，为推动城镇中第三产业的发展和全社会经济繁荣提供一定的助推力。

前文结合马克思主义相关理论研讨了新型城镇化的特征，通过经典理论论述了"新"的意义，延伸了城镇化的概念，针对我国城镇发展现状提出来的"新型城镇化"更有利于今后可持续地、健康地发展，特别是强调"人的城镇化"，通过更完善和全面的公共服务，体现政府对各级城镇居民的"人文关怀"，解决与老百姓基本生活息息相关的各项问题，使城镇居民能够真切感受到国家的进步和社会的发展所带来的福利。笔者也看到新型城镇化已不再是单一地注重人口的城镇化（城镇化率）、地理空间扩张的城镇化（城镇面积），更是尊重历史发展规律的前提下，注重城镇自身发展、城乡互融互助发展、城乡一体化发展，这是一种综合性、纵深式的发展过程。这也是我国城镇发展由"量变"到"质变"的一个转折点，是在发展的形式、内容和路径上都将转变为真正城镇化的过程，是追求高质量新型城镇化发展内涵的起始。

3.1.2 传统城镇化和新型城镇化的区别（基于西方经济理论的城镇化辨析）

城镇化包含的内容是广泛的，不仅考验着政府把握社会发展的方向，同时也影响着老百姓的衣食起居，城镇化发展的好坏，与一座城、一群人、一系列民生事情都息息相关。城市素来也是政治、文化、经济活动的集中地，是各项社会活动的聚集区域，城镇化进程直接反映了国家综合发展的水平，反映了国民的生活水平。目前，我国仍然处于城镇化快速发展的阶段，传统的城镇化是一种粗放发展的模式，无法实现长期可持续的发展，更不能实现我国的现代化和中国梦，因此在发布《国家新型城镇化规划（2014－2020）》后，我国开启了城镇化进程最重要的一次转型——"量"变到"质"变，新型城镇化和传统城镇化也在多个方面体现出明显的区别，主要区别如下：

1. **经济理论基础不同**

与传统城镇化的发展道路有关的经济学理论是城市聚集经济的传统基础理论，建立在产业分工理论、工业主导理论、比较成本和比较收益驱动理论、效率优先理论等一系列城市占主导支配地位的理论基础之上。而新型城镇化的发展道路探索主要以城乡一体化理论、公平与效率兼顾理论等为基础。

2. **指导思想不同**

传统城镇化的指导思想更多地以城市经济增长量、唯 GDP 效益论、城市地域面积的增加和城市人口的增长为主要发展目的，始终把城市的发展和城市利益的实现摆在首位，把以经济建设为首的思想渗透到了各个阶层。新型城镇化是以邓小平理论、"三个代表"重要思想、科学发展观以及习近平同志提出的"五大发展理念"和"四个注重"为指导，明确要以"人的城镇化"为核心，全面提高城镇化的质量，提升城市可持续发展的水平，兼顾城乡协同发展，通过建设具有中国特色的新型城镇化道路，促进国家经济转型和社会和谐发展，为实现中华民族伟大复兴的"中国梦"奠定基础，这些指导思想更注重城镇的科学发展和可持续发展，也更具有中国特色的新型城镇化发展理念。

3. **发展动力不同**

传统城镇化动力机制是依靠政府招商引资，带动城市工业化、现代化的发展，从而推动城镇化进程，这种由当地政府主导包办的城镇化在某一特定历史时期和时代背景下，可能是具有一定的促进作用，但是同样因为过于依赖城镇区域内的自然资源、地理位置、人力资本要素、企业实力等，无法实现可持续发展，这样一种"由上而下"的动力机制，带来的动力也是有限的。新型城镇化的发展明确由市场占主导地位，政府引导为辅，更加尊重市场的规律，并坚持使市场在城镇发展进程的资源配置中起到决定性的作用。我国各地区发展状况不尽一致，这样的一种动力机制更能贴切实际，定位市场，寻求产业的转型升级和第三产业的发展作为主要动力来源，会使得城镇化在市场主导下更加顺其自然地推进，地方政府因地制宜，城镇化进程也就会朝着科学发展、循序渐进的方向持续下去。

4. 发展路径侧重点不同

传统城镇化偏重城市，忽略农村发展，各项生产要素都主要由农村流向城市，人口、资金、信息、资源等都是单向地流入城市，在城镇聚集，城乡二元结构日益加剧，同地区不同居民的贫富悬殊，区域间差异也就愈来愈严重。举一个很简单的例子，21世纪初的二十年，农村劳动力不断涌入城市，其中既有受过高等教育留在城镇的高素质人口，也有农村的剩余劳动力，但农村的发展也是非常需要人才的，离开了人才，农村的现代化和经济发展能力也就被大大地削弱了，国家乡村振兴的战略也可能受到影响。新型的城镇化发展路径就更偏重于"人的城镇化"及"城乡一体化"。"以人为本、公平分享"是新型城镇化的一个基本原则，这深刻、彻底地诠释了城镇化的发展历程。城镇化可推进农村人口持续、有序地转移，实现基本公共服务城镇范围人口的全覆盖，城乡发展所需的各项要素实现双向流通，逐渐消除城乡的分离、对立，统筹城乡公共资源均衡配置，使全体居民共享我国现代化建设的成果。

5. 产业关系不同

城镇化发展的传统时期，主要是依靠工业化的发展来带动城镇化的前进，城镇化大部分时间都滞后于工业化的发展，并且这一时期的工业化以高成本、高污染、高消耗、高排放、低收益为特征，以牺牲城镇生态环境为代价。同时，农业现代化也成为一纸空谈，传统城镇化进程中城乡产业随着时间的推移会逐渐分离，最终长期处于城镇大工业、农村小农经济的二元式分割局面，三大产业之间互不衔接。随着党的十八大"四化同步"的提出，新型城镇化阶段"四化"或为一个整体系统，新型城镇化与新型工业化、信息化和农业现代化同步发展。工业化是发展的动力，作为供给方；农业现代化是发展的根基，为工业化、城镇化提供保障和支持；城镇化是发展的载体和平台，创造国内经济的内需市场；信息化为发展注入新的元素和活力，推动其他"三化"的发展。因此，新型城镇化时期是"四化"相互作用，相互渗透促进，从而实现社会生产力的跨越式发展，有力推动现代化建设进程。

马克思、恩格斯提出的"大工业在全国的尽可能均衡的分布是消灭城乡分离的条件"这一论点也清晰地指出，新型城镇化的实现，需要和新型工业化、农业现代化之间相匹配、相适应。工业化是寻求发展的强劲动力源；新型城镇化最终不能将所有农村人口转变为城镇人口，因此农村现代化是未来稳定、持续发展的根基，为最终消除城乡分离、城乡对立提供保障；新型城镇化的发展进程将为这些提供平台和载体。

3.2 现代财政视阈下社区建设的理论研究

3.2.1 基于公共产品理论的社区建设

说起公共产品不得不提及的就是商品这一个概念，通常意义上我们将用来交换的劳动产品称为商品，商品是使用价值和价值的统一。在劳动二重性学说中，马克思认为只有物质生产部门的劳动者才能创造价值，由于局限于当时所处的时代，这里所指的商品其实仅仅是指有形的物质产品，无形的精神产品和服务产品不是商品，马克思的商品概念仅限于物质资料生产领域。这也就是狭义的商品概念。广义的商品概念则不仅包括有形的物质产品，还包括无形的服务和精神产品。无论是无形的还是有形的，也无论是精神的还是物质的，只要能够用来交换并满足人们的需求，就都是商品。

同时，人作为社会经济活动的主体，是个体性和社会性的一个统一体，个体性反映的是个人的自然属性，社会性则反映的是人的社会属性，所以不同的属性使人的生活需求可分为私人需求和公共需求。广义上的商品也就不仅包括私人商品（在马克思所界定的商品概念基础上加上通过交换来满足私人需求的无形的劳务、服务），还包括公共商品（Public Goods）。另外从本质上来说，公共产品也是用来交换的劳动产品，公共产品的交换是通过政府部门与私人部门在整体上显现出来的，私人部门需要向政府部门缴税，政府部门则相应要提供公共产品给私人部门，同时，税收也就成了私人部门消费政府部门所提供的公共产品而支付的"特殊价格"，因此从这个意义上来说，公共产品和私人产品一样，都是可用来交换的劳动产品。政府部门有收税的权力，同时也必须履行为私人部门提供高质量、较全面公共产品的义务；相应地，私人部门有要求享有政府部门公共产品的权利以及纳税的义务。总体来说，商品是在私人产品概念上的进一步拓展，并且涵盖了公共产品，换句话说，私人产品和公共产品共同勾勒出完整意义上的商品。

众所周知，公共产品或者服务是相对于私人产品或服务而言，具有效用的非可分割性（公共物品或服务向整个社会共同提供，不归属于某些个人或者企业享用）、消费的非竞争性（个人或企业消费该公共物品或者服务，不妨碍或排斥其他人或企业同时享用）、受益的非排他性（任何人都不能用拒绝付款的方式，将其不喜欢的公共物品或服务排除在其享用品范围之外）等特点。就消费的非竞争性这一点分析，我们假定所有的社会人为理性经济人，社会公共产品不会因为一个人的消费而影响其他人的消费，所以说私人部门不愿意通过购买而获得，人们都是希望别人付钱购买某一产品，而自己可以"免费搭车"，最终个人的理性行为会导致集体的非理性，出现所谓的"囚徒困境"，所以这样就会没有人愿意生产公共产品，即没有了公共产品的供给者；同样也没有人愿意购买公共产品，即没有了公共产品的需求者。如此一来就没有供求两种相反的合力来决定价格，因此将不存在公共产品市场。从某种意义上说，"囚徒困境"局面的出现是这一现象根本的原因，因为"囚徒困境"会引起生产供给者无法弥补公共产品生产的成本。但是，政府部门的财政机制可以生产提供公共产品，并不是说政府部门生产公共产品不需要成本，而是政府部门有一种特殊的途径来弥补公共产品生产的成本，这种途径也恰恰是私人部门所不具备的，那就是税收，政府可以通过政治权力，获得个人通过私人经济权利获得的收入的一部分，进行财政的再分配，从而补贴公共产品生产的成本。综上所述，从严格的意义上来说，公共产品通常是要通过财政机制向公众提供。

进一步地说，社会公众对公共商品的需求，也决定了在资源配置过程中，不仅要配置一些资源到私人部门，满足私人所需求的产品，同时也应该配置一部分资源到政府公共部门，政府部门将所配置的资源在财政机制的作用下，用于生产公共产品并且满足公共需要，这其实是人类资源配置活动的基本规律，并且也是当今经济体系区分私人部门经济学和公共部门经济学的基础。公共部门经济学其实也认为，国家或者政府是在向社会提供公共产品，其目的是满足人们生活中的公共需求（如图 3 - 1 所示）。

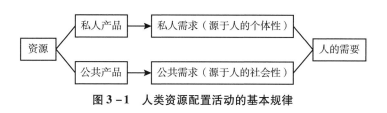

图 3 - 1　人类资源配置活动的基本规律

从对我国整个发展历程的回顾中可以清晰地看到这一点，新中国成立之后，我国政府大力投资建立许多国有企业，使政府积极介入物质生产领域，具有鲜明的生产建设性特征，同时财政也被称为生产建设性财政，政府着重经济建设和物质产品的丰富，唯 GDP 论一直主导者政府的各项决策。政府长期致力于有形物质产品的生产，从而忽视了对本应该提供的各种无形公共产品或服务的生产。

现如今，新型城镇化进程稳定持续地推进，尽管目前我国仍然处于社会转型、体制转轨的时期，同时也是一个多变的时期，但越是在这样的时刻，百姓的切身体验就越重要。因此，新型城镇化应对居民提供更全面、更完善的公共产品或服务，注重"人的城镇化"的发展，实现全国上下各级居民由"单位人"向"社会人"平稳、全面地过渡，因此在这一过程中，社区需要成为公共部门向百姓提供公共产品或者服务的主要平台。一方面，政府部门受到传统劳动价值论的影响，忽视无形公共产品或服务的生产与供给，加之由于1978年市场取向的改革更多的是对私人经济部门进行改革，现如今私人经济部门取得了巨大的改革成就，私人产品供给、需求带有明显的市场主导型的特点，但是公共部门一直没有实质性的改变，因为政府本身就是改革的领导设计者，不太可能先进行公共经济部门的改革。社区其实也是政府主导型社会改革进程中的产物，是一个介于私人经济部门和公共经济部门之间的规制部门，但具有明显的政府主导型的特点，一直被划入我国公共经济部门。中国滞后的公共经济部门改革对社区建设以及公共产品或服务的提供是一大阻碍。另一方面，公共产品的公益性，决定了其需要通过财政机制向社会提供，市场失灵难以提供，而提供什么种类的公共产品、提供多少都取决于人民的意图、愿望和要求。由此导致公共产品供求脱节的可能性加大，单位制的瓦解，社区的形成，不仅是一种社会组织形态的转换，更是社区需要承担社会功能的一种必然，最终成为衔接政府与民众的一个缓冲带。

总体说来，无形公共产品缺乏，公共部门人员数量不足，公共产品供需渠道不畅通，公共产品效用发挥不充分，都是下一步新型城镇化进程中社区建设的主要突破口。因此，社区建设就不仅要在组织建设、基础设施建设上面下功夫，更需要在与百姓息息相关的公共产品或服务方面加倍努力，为社区的可持续发展以及百姓物质、精神生活全面发展的实现添砖加瓦。社区这一社会最小单元能够直接面对居民，了解居民对公共产品的种类、数量的需要，特别是在新型城镇化的发展形势下，越来越多的老百姓走进城镇，定居城镇，对公共物品的需求也不尽相同，社区作为城市的细胞和城市管理的基础，可以在很大程度上缓解由政府单方面决定公共产品的生产和提供过程，并且能够在一定程度上加强民众特别是新进城镇居民对政府的监督，构建相应的约束机制，长远地看，能够使政府按照民众的意愿作出相应的决定，实现公共产品的供求均衡局面，提高民众个人生活幸福指数以及对政府的满意度。

3.2.2　基于公共选择理论的社区建设

基于公共产品理论的分析，政府部门确实应该适时、适量地增加公共产品和服务的数量、提高其质量，并明确公共产品的范围，合理配置公共产品资源，根据提供公共产品的范围来确定各级政府的事权，也适当明确各地的财权问题，结合百姓实际需求，完善区域性公共产品种类，实现公共产品效用最大化。当然，这一切肯定是同时需要相应地增加财政支出的比例来持续支持。公共产品理论主要是从公共部门、商品以及资源配置的角度进行研究分析，公共选择理论则是对公共产品理论的批判和拓展，也就是研究人们如何将民主决策的个人选择过程转化为决定公共物品的需求和供给的集体选择过程。① 公共产品本身的非竞争性和非排他性也就需要政府部门通过财政的收支进行调控。公共选择理论肯定政府提供公共产品这一职能，但是也对公共部门行使这一职能过程中存在的一些问题进行剖析。公共选择理论认为：政府是由个人选出来的，也是由

---

① 戴炳源．布坎南的公共选择财政理论评述［J］．中南财经大学学报，1998（6）：51－53.

个人组成的，不完美的选举规则以及官员个人的利益追求都可能使集体原则违背公共利益，导致整体社会福利出现恶化。[①] 公共部门工作人员对自身利益最大化的追求以及提供的公共产品的垄断性，往往造成不会追求公共利益的最大化，加之公共部门缺乏改善公共产品的内在动力，进而会导致社会资源配置的效率降低。

我国经历过社会体制改革。在计划经济时代，公共产品、个人和家庭的政治诉求、住房医疗等都是和所在单位紧密联系在一起，建立社会主义市场经济体制以后，原本由单位所承担的大量公共服务职能，已经转到社区这一社会单元内，单位包揽个人一切相关公共服务的时代已经成为过去，人们慢慢实现了从"单位人"向"社区人"的角色转变。另外，城镇化进程逐渐加快，越来越多的人涌进城镇，但是人们在城镇的生活水平差异还是较大，随着市场经济导致利益群体的分化，人们在所处的社区也存在分化的趋势，同一社区或者相邻社区之间的低收入、中等收入和高收入现象比比皆是，特别是我国二三线城市的社区，城市不断地扩张，人员流动规模也较大，社区本身结构不稳定，社区内人员多样，社区服务较差，各种教育背景和不同收入的群体"混杂"在一个社区之内，这样肯定会增大社区代替单位提供公共服务的难度，在这种情况下，社区建设需要更多从公共部门和居民两方面考虑公共产品供给和需求的多样性和异质性。

公共产品为何对社区建设如此重要？英国经济学家查尔斯·米尔斯·蒂布特（Charles Mills Tiebout）就曾以地方性公共产品为研究的突破口，假设存在众多的社区，居民可以自由流动，也掌握足

---

① 汤宪达. 新型城镇化下的财政收支结构及其优化策略研究［M］. 北京：经济科学出版社，2017.

够的信息，于是居民可以依据不同的税收—服务组合选择并享受其公共产品，即通过"用脚投票"来选择自己偏好的社区，实现福利最大化。[①] 居民必然会选择能使自己利益最大化的社区居住，因此，一个社区能否带给居民其所需要的公共产品质量和数量，决定了人们是否最终会选择在这个社区定居生活，同时也关乎我国城镇化能否"落地"，小康社会中百姓的"安居"是否能够实现。随着我国社会转型的推进，经济收入的差距逐渐增大，社区内"个人"的主体意识会得到一定的发展并最终形成，区域地理优劣日益明显，单位制持续瓦解，住宅逐步市场化、商品化，有学者就指出社区阶层化的条件与机制日渐成熟，城市社区必然会走向阶层化，这样说来，居民"用脚投票"和社区阶层化会形成强烈的对立，因为一旦阶层固化形成，人们也将失去自我选择自身利益最大化的社区的机会，而只能在自己所属阶层的社区生活，只能享用到自身阶层所能接触得到的公共产品，公共物品"非排他性"的属性也就相继丧失。

所以，笔者认为，需要基于公共选择理论长远地、结合我国实际情况地看社区建设。新型城镇化背景下的社区建设最根本的意义是要对每一位居民体现社会关怀和福利，并主要是通过社区来实现公共产品和服务这一关怀和福利，现阶段我国新进城镇人口可能是因为地缘扩张、教育迁移、外出劳务等因素出现人口大规模流动，但是如果经济社会发展到个人物质生活已经完全得到满足，社区内居民的阶层将会被打破，人员的流动会非常充分，各辖区间税收体制也都会相同，信息实现彻底完备，居民就会"用脚投票"寻找下

---

① 王艳阳. 中国地方性公共产品供给法律制度研究［D］. 重庆：西南政法大学，2012.

一个能够实现他诉求的共同体——社区。

3.3 基于社会融合理论的社区建设研究

社会的发展进步，离不开人口的迁移，人口迁移的过程主要包括三个方面：迁出决策、迁移过程、迁移的结果。迁出决策主要涉及个人或者家庭在是否需要迁移、准备迁往何处、迁移的诱因等方面的决策，迁移的过程一般都很短暂，而迁移的结果却是由很多方面因素决定的，并且在某种程度上也是因人而异。城市社会中人口作为生产要素，无论迁移到哪里，都需要最终进入社区这个城市单元。目前，对于人口流动的社会融合问题，学者们大多只针对迁移后果进行分析，国际学者对移民的研究成果其实可以说明社会融合状况将直接影响移民的各种后果，并且还能根据这些后果判断社会流动的大体方向。换句话说，社区作为城市管理中重要的一块，同时也是社会融合重要的平台，社区融合问题在某种程度上也是决定社会融合状况好坏的主要因素。社区建设如何加快社会融合以及提升融合满意度在目前国内的研究还非常少，需要更多学者的关注以及更为深入的研究。

社会融合可以说是一个综合的、动态的、多维度的概念，所以很多的学者都是寻求一个与各自理论相对应的有效的测量维度和测量指标体系，从而更直接地、量化地评估社会融合程度，主要的社会融合测量维度如表 3 – 1 所示。

表 3 - 1   主要社会融合度测量维度

作者与文献	测量维度
田凯（1995）	相对稳定的职业、经济收入与社会地位、生活方式、社会交往、社会参与
朱力（2002）	经济、社会和心理或文化层面
风笑天（2004）	经济、心理、环境、生活 4 个维度（杨菊华的总结）；家庭经济、日常生活、与当地居民的关系、生产劳动、社区认同等 5 个维度（张文宏等的总结）
张继焦（2004）	对城市生活的感受、经济生活、生活方式、社会交往、恋爱婚姻
杨黎源（2007）	风俗习惯、婚姻关系、工友关系、邻里关系、困难互助、社区管理、定居选择及安全感 8 个方面
王桂新等（2007）	经济、政治、公共权益、社会关系
马西恒、童星（2008）	"二元社区""敦睦他者"和"同质认同"
张文宏等（2008）	心理、文化、身份、经济
杨菊华（2009，2010）	经济整合、文化接纳、行为适应、身份认同（提出了具体的测量指标）
悦中山等（2012）	文化、社会经济、心理
周皓（2012）	定居/经济融合（居所/收入）、文化适应（语言外表等）、社会适应（心理观念）、结构融合（社会交往/参与）、身份认同/同化
韩俊强（2013）	城市生活满意度、对所在城市的态度、自我意识转变
陆自容、徐金燕（2014）	经济融合、政治融合、文化融合、心理—身份—认同、互动—参与—交往
杨菊华（2015）	经济整合、文化交融、社会适应、心理认同

资料来源：笔者根据相关文献整理所得。

从以往社会融合测量维度的分析来看，尽管某些词语在表达上有些许差异，但大部分情况下其所包括的内涵都是大致相同的。"经济融合"是几乎所有文献都提到的，涉及就业、职业声望与收入、居所稳定等具体测量指标；"文化融合"同样也是几乎被所有文献涵盖的一个融合维度。风笑天（2004）的"社区认同"、杨黎源（2007）的"社区管理"、王桂新等（2007）的"社会关系融合"（困难求助、身份定位、人际关系与安全、社区参与）、杨菊华（2009）的"行为适应"（人际交往、社会网络、婚育行为、生活习惯、社区参与等）、周皓（2012）的"结构融合"（朋友圈、居住社区、政治参与等）、陆自容等（2014）的"文化融合""互动—参与—交往"都体现出社区在社会融合过程中具有不可替代的重要作用。表3－2从"社会融合"类型关系分析社会融合各指标对应在社区层面能解决的问题。

表3－2　　"社会融合"类型关系及社区层面能解决的问题

社会融合	社区层面能解决的问题
经济融合：个人收入、职业、社会保障等经济地位	社区公共利益的维护
政治融合：个人政治参与	个人参与社区政治活动，包括选举和被选举活动等
社会互动：人际互动和交往、社会参与等	人际互动、交往、社会参与基本都在社区完成
文化心理：文化、心理和身边的适应、接纳和认同	习俗文化适应、个人自我认同、地域归属感等都离不开交往群体和地域社会，基本都在社区完成

资料来源：陆自容、徐金燕. 社区融合测量的去经济维度？——简析"整合"与"融合"的概念功能［J］. 广东社会科学，2014（1）：214－221.

在表3－2中，个体居民在"经济融合"这一类型关系中涉及个人的收入、职业、社会保障等指标，其实个人经济情况更多的是与个人的人力资本、工作能力、努力、所处社会制度、所属的经济阶层等息息相关，所以说在社区这一层面，更多的应该是从公共产品或服务的提供对社区公共利益的维护、个人的基本保障等高度着手。无论个人的经济情况如何,其所在社区的公共利益都应大同小异,公共物品或服务的非排他性也体现了这一点,特别是在个人经济情况可能不是很好时,社区提供的公共物品和服务可以将分散的、不同阶层的个体联系起来,形成紧密的社会生活共同体,有效促进社会的团结和融合。

有关社区融合测量的文献很少,有关社区融合在社会融合中概念的研究也很少。社区融合是社会融合的一个缩影,"城市社区为考察社会融合提供了可操作的综合性场所",① "社区融合侧重于强化认同感和归属感、完善社区自治、构建互动网络体系、培养普遍新人的邻里关系、建立互惠互利的合作关系"。② 新型城镇化是为个体人整合城市资源,社区建设是为促进个体人的融合,"人的城镇化"是一个长期、动态且复杂的过程,应该避免像社会融合那样只是研究人口迁移后果的现象。单个人口来到城镇,都会在社区这一层级的组织进行生活,那么人口迁移之前的决策与迁入社区的关系,以及迁入社区之后的状况,甚至再次离开第一次选择的社区的动因,这一切与个人融入新型城镇化发展是相契合的,需要更多地专注于新进城镇人口和农转城人口在城市社区的融入过程和结果。

从利用公共产品理论、公共选择理论和社会融合理论对社区建设的分析论述,可以清晰看出公共产品或服务这一分析工具的必要性,社区居民如何实现由下而上的"人的城镇化",本书具体论证思路如图3-2所示。

---

① 童星、马西恒. "敦睦他者"与"化整为零"——城市新移民的社区融合 [J]. 社会科学研究, 2008 (1): 79.

② 孙肖远. 社区党建创新:走向社区融合的现实路径 [J]. 社会主义研究, 2010 (2): 54-57.

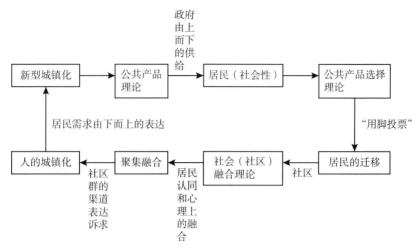

图 3 – 2　基于公共产品理论、公共选择理论和社会融合理论的社区居民的城镇化

3.4　新型城镇化和社区建设的关系

笔者在前文基于马克思理论和西方经济理论对城镇化进行了辨析，特别是指明新型城镇化的"新"具体表现在哪些方面，而后基于公共产品理论、公共选择理论和社会融合理论对城镇社区内的居民如何实现真正的"人的城镇化"进行了理论性的探索。那么，在"新"的背景下，社区建设和新型城镇化之间具体有什么关系？

3.4.1　新型城镇化对社区建设的要求

1. 新型城镇化要求社区建设实现"人的城镇化"

城镇化是实现现代化的平台和载体，我国目前正处于并将长期处于一个社会转型的阶段，社会结构与居民意识形态都在转变，"人的城镇化"客观上说是居民身份的转变和生活形式的改变，社区建设一定要紧贴城镇化的发展精髓，强调"以人为本"的发展途径，实现"人的城镇化"。

（1）从社会制度角度看来，新型城镇化强调"人的城镇化"是城镇市民和农民制度对立的缓解。在原始社会时期，人本是平等互助的，随着城市和农村的出现，"人"被分割开来，产生了社会制度上的不平等，城市的居民享用更多、更丰富的资源和产品，农村的居民在大多数情况下是被资本进行剥削，城乡的对立、城市和农村居民的对抗情绪就是市民和农民的权利不平等造成的，如今新型城镇化的政策就是强调对"人本"的尊重，强调"城乡关系本是人的关系"，"人的城镇化"的提出是解决当下对立情绪的必经之路，在社区建设中实现"人的城镇化"是解决城乡关系的主要途径，在社区内实现对"人"的尊重也是未来解决社会分层，走向和谐、融合、平等的重要手段。

（2）从居民身份角度分析，新型城镇化强调"人的城镇化"。刘易斯二元经济模型从劳动力流动角度展开分析，认为农村剩余劳动力转入城市成为市民，因而是"农民—市民"的两主体劳动力模型。黄泰岩认为中国农民进入城市首先为农民工，劳动力流动的模型应该是"农民—农民工—市民"的三主体劳动力模型。根据我国二三线城市居民身份的实际情况，从劳动力流动角度看，农民在城市首先成为农民工，但是也有部分农民进入城市不一定成为农民工，这样在主体的身份界定上可能就会有所不同，比如说因为通过教育途径从农村考取大学而留在城市的农村人口，或者因为城市地域性扩张收纳进来的农村人口以及周边地区流入城市的常住人口等，这些城市居民可以被称为"准市民"，指的是渴望成为城市居民的居民，这个群体的城市生活状况以及城市社会融合问题也都值得研究者关注和探讨。因此，从居民身份变化看，我国城乡居民应该遵循"农民—准市民—市民"的动态模型。

理论上，"刘易斯拐点"指的是在随着农民劳动力的转移，人均耕地面积增加，农村人均收入相应提高，导致农民和工人的收入逐步趋同，当两种产业的工资情况基本一致的时候，农民劳动力失去转移的动力，就达到了"刘易斯拐点"。我国有超过50%的劳动力滞留于农村，农民的平均收入还不到"农民工"平均收入的一半，即便按照更严格的统计办法，把人在农村但是已经不以农业为主要收入来源的劳动者从农民的范畴中减去，中国还应该有30%～35%的劳动力是农民（樊纲，2013）。根据相关发达国家的发展经验，一国全部劳动力中农民的比例降到10%～15%的时候才会出现产业工资均等的情况，这时候才可以认为这个国家的剩余劳动力已经完全充分地流动到其他产业，并达到理论上的"刘易斯拐点"。

实际上，我国2020年城镇率为60.60%，离"刘易斯拐点"的人口比例相差甚远，城镇对劳动人口的流转应该是具有较大的吸引力，但是近两年"逃离北上广""农民工早退"等现象充斥于耳，农村劳动力因为在城市得不到应有的或者是很难得到平等的社会保障、社会福利和社会服务等，所以难以在城市生活下去，便早早地退出城市的劳动力供给市场，退回老家农村。以新入城外来人口比较关心的子女教育为例，深圳市公办小学占所有小学的比例为55.8%，远低于OECD国家的91.1%，意味着还有很大一部分外来人口的子女无法享受公共教育资源。另外，外来人口居住城市的不确定性，从事工作的公司或者工厂不注重人力资本的培训和投资，导致外来人口陷入低人力资本—低收入的恶性循环，2009年国家统计数据表明，51.1%的农民工未接受任何技能培训。[①] 工资收入有

---

① 樊纲. 农民市民化人均成本7万至10万［E］. 中国证券报·中证网，2013 - 10 - 22。

限，生活成本增高，子女教育、培训、医疗、住房等公共服务不足，导致农村流动人口逃离城市，这与新型城镇化所提出的"人的城镇化"背道而驰，无论在理论上还是实际上，新型城镇化都要求社区建设应该成为这些实际问题能够得到妥善处理的平台，社区建设应该加强提供无形公共服务和产品，例如教育、培训等，不仅要实现"人的城镇化"的"量变"，现阶段延缓流动人口回流农村，实现新进城人口数量的增加，更要实现"人的城镇化"的"质变"，完善其城市生活的方方面面。

2. 新型城镇化要求社区建设由"自上而下"到"上下合作"

传统城镇化阶段，我国都是以政府主导为主线，政府招商引资，带动城市工业化、现代化的发展，从而推动城镇化进程，这是一种"由上而下"的动力机制。社会管理方面，之前长时间采取纵向的"单位制"管理，是一种从上至下分配所有资源的机制，"单位"的资源来自国家，城市居民也就是所谓的职工占有和使用的资源来自"单位"，整体上就是一个很明显的"自上而下"的分配与管理体系。伴随着新型城镇化的推进，加之城市中单位制度的逐步消退，社会人员的流动、社会阶层的异化、社会组织和社会分工的加剧，居民从"单位"转移到"社区"，对社区的依赖性会日益增强，居民和社区的关系也会日益增强，社区不仅仅是一个居住场所，更是居民们交流互动的地方，许多日常生活问题都需要社区帮助解决，社区的发展与百姓的起居更加紧密，居民对社区相关事务的关心程度也会逐步升高，因此新型城镇化的进程中，社区建设不能一直停留在老思维中，需要为居民提供更多的渠道和更多样的方式参与社区事务，从而使得城市居民能够表达各自的具体利益，形成"上下合作"，实现社会的稳定与和谐。

3. 新型城镇化要求社区建设完善公共产品和服务

"以人为本、公平分享"是新型城镇化的一个基本原则，也深刻、彻底地诠释了城镇化的进程。新型城镇化要求实现基本公共服务对城镇范围人口的全覆盖，不仅是现有城市居民，还包括新进流动人口和农村转移人口等，城镇化是有序推进农村人口的转移，实现公共资源均衡配置。笔者认为，这要求社区建设不仅包括社区文化、社区环境卫生、社区治安、社区教育等，更重要的是进行社区组织管理的建设，以使社区服务的范围更广泛，涉及社区的方方面面，从而构建一个综合性的社会系统工程。以服务对象为例，新型城镇化要求社区服务的对象不仅仅局限于老、弱、病、困、残等弱势困难群众，更要逐步覆盖到社区内的全体居民，服务的项目也应该更加多元化，拓展到法律服务、家政服务、康复医疗、职业就业指导等领域。

3.4.2 社区建设对新型城镇化发展的作用

1. 社区建设可以实现"人的城镇化"的"量变"到"质变"

前文已经分析过，社区建设是一种社会制度的改进，社区应该以其区域内的居民为主要责任，对居民负责。新型城镇化的主要体现也是"人的城镇化"。如前文图 3 - 1 所示，公共产品或服务其实是社区建设过程中可利用的一个主要手段，或者说是建设的方式，公共产品或服务的种类、数量、质量会直接影响社区居民公共生活，特别是地区性差异明显，人口流动在彻底充分的情况下，社区居民会根据个人意愿选择公共产品或服务适合自己的社区，加速个人与城市社会的融合，实现完全的"人的城镇化"，从而实现新型城镇化战略，这些都离不开社区建设，社区是最有可能实现

"质变"的场所。

2. 社区建设能够缓解新型城镇化进程中的各种矛盾

城镇化的推进过程中，首先最主要的是农村人口涌入城镇，这些人口来到城镇社区居住，因为受教育背景、成长环境的不同，代表着不同的利益诉求群体，而群体之间又会存在特殊的利益诉求差异，进而在社区这一层面产生群体居民的疏离，甚至形成对立排斥。其次是新进城镇居民在融入城镇生活方面有可能存在诸多的问题，因为他们在农村世世代代主要依靠农田为生，个人的小农意识还会在一定程度上形成思维惯性，对于城镇的生活环境、管理模式和生活节奏不见得马上可以适应，特别是在社区内生活可能出现不能接受物业管理、高空抛物、乱扔垃圾等问题。最后是城镇化进程使得一些农村居民成为失地农民，来到城镇不能及时解决个人就业问题，这些矛盾堆积在社区内，产生了大量的社会矛盾和问题，社区建设必须要正视这些问题，有针对性、有目的性地缓解城镇化过程中产生的各种矛盾。

3. 社区建设是新型城镇化进程的重要组成部分

社区作为城市中一个微观的"小"社会，集合了社会生活的方方面面。在推进城镇化的道路上，社区建设的重要性和必要性显得越来越突出。是什么让社区建设如此不可或缺？因为推进城镇化的各项措施、发展政策、社会稳定办法最终都要通过社区这一"小"社会落实，各类社会问题、群体利益冲突、新进人口融入等都离不开社区。

因此，社区建设是城镇化进程的重要组成部分：一是从结构上看，城镇化是一个系统工程，而社区建设是这一系统工程中的子系统，是城镇化的有机组成部分。二是从功能上看，城镇化过程中的城市建设必须延伸到基层社区，并依据实际为基层社区创造更加方便、高质量的环境。而社区的建设和发展，正是实现城镇化的牢靠基础。社区建设越成功，城镇化的步伐就越扎实，发展后劲就越强劲。三是从内容上看，社区建设的内容几乎涵盖了经济、政治和文化生活的各个方面，如维护社会秩序，搞好社会治安，营造整洁、优美的社区环境等，而这些内容，也是城镇化在实现一个地区从农村向城市转变过程中所涵盖的基本内容。①

---

① 冯仿娅，霍秀梅，温朝霞. 在城市进程中推进和谐社区建设的实践与思考——以广州市天河区为例［J］. 探求，2008.

新型城镇化背景下二三线城市社区建设现状的实证分析

正如本书前文所阐述的，从人的角度对社区建设进行分析，这也是从新型城镇化对社区建设要求的角度展开的。第3章中理论的论述思路其实也就是实证分析问卷问题设计的基础，笔者从公共产品理论、公共选择理论和社会融合理论的角度，分别设计了相应的问卷题目，对现实中我国东部、中部、西部二三线城市中社区居民对于社区建设的体验或者说是其公共产品或服务的需求进行实地调研，掌握"村转社"新进城市居民，以及农民转变身份后已经在城市里面生活的这个群体在社区这个社会单元中的融入情况，试图验证公共产品或服务这一因素在社区平台促进"人的城镇化"的可能性与可及性。

4.1　问卷的设计、制作、发放与回收

在问卷设计之前，本研究已经完成相关理论分析，为构想有理论基础指向性的问题，得到更接近实际情况的回答，本书按照第3章中理论分析草拟问卷，也就是依据公共产品理论、公共选择理论和社会融合理论在社区的维度分别设计本次调查问卷的各个问题。

笔者主要工作步骤如下：第一是根据本研究命题需求确定实证部分主要的调查研究目标，即了解二三线城市中"村转社"居民对社区建设的关注、理解，以及这个群体对社区公共服务的享用状

况，寄希望于公共产品或服务这一"工具"能够在社区平台上帮助新进城市居民实现"人的城镇化"；第二，根据既定的调查目标，结合第3章中论述过的公共产品理论、公共选择理论以及社会融合理论设计问卷的问题；第三，选定开展问卷调查的城市，甚至是城市具体的社区；第四，制作问卷，进行验证和专家评审，调整修改之后由笔者自己前往选定城市直接发放问卷，或者通过当地高校相关研究人员在选定城市直接发给社区居民、工作人员填写；第五，回收已经填写完整的有效问卷，并做数据分析。

4.1.1　问卷调查的主要目标

本次问卷调查的目标是调研二三线城市社区中"村转社"或"农转城"居民现状，具体概括包括两个方面：第一方面"由上到下"，在实施新型城镇化发展道路的背景下，以"人的城镇化"为主要目标，了解二三线城市社区居民在社区意识、社区参与、社区管理等基本状况以及去发现相关问题；第二方面"由下而上"，以选定城市区域内的被调研对象为目标，以社区公共服务或产品为分析工具，了解二三线社区中新进城市或农转城人口的融入情况，探讨如何实现量变到质变的"人的城镇化"。

4.1.2　问卷的设计与主要内容

本次调查问卷需要获取的重点信息是二三线城市社区居民的生活现状，特别是公共产品以及社区服务是否覆盖新进城或农转城的居民，这部分目标人群是否都能正常享用。与此相关的一些辅助信息主要包括社区居民住宅的不同类型、新型城镇化对社区建设的影响、居民对社区组织的认知度、自治组织或非营利性组织的社区活动情况等。辅助信息可以帮助笔者在了解情况的过程中更加全面地把握、分析目标群体在新型城镇化进程中的社区生活状况。

根据问卷设想前期想要获取的重点信息以及相关的辅助信息，特别是考虑到二三线城市中的目标受访对象的受教育程度、理解能力、填写便利性等因素，本次问卷的设计主要采用以封闭式的选择题为主、以开放式的填写题为辅的形式。

调查问卷的设计包括设想构思、初稿、征求意见、修改问卷、预答问卷、再次修改完善问卷、最终定稿等流程。在征求意见环节，特意找到 3 位分别从事理论研究和实务工作的专家，也得到了他们中肯的修改意见；另外还寻找了 20 名不同城市和不同居住类型的社区居民参加了预答问卷环节。

最终成稿的问卷题目为《新型城镇化背景下社区居民现状调查问卷》，包含如下几个部分：（1）受访者的基本情况；（2）受访者对社区的认知情况；（3）受访者对城镇社区发展的要求。三部分一共是 25 道封闭式和开放式选择题（具体问卷内容见附录）。

调查问卷的第一部分（开篇至问题 5）由三小部分组成，均为单项选择题，主要是区别开各受访居民的类型，是否为新进城或者是农转城居民。另外选择题涉及受访者的性别、职业、经济状况、有无固定居住的可能性等。① 这一些背景信息不仅使我们掌握了受访者的资本资料，了解目前这一阶段城镇社区居民的概况，更为分

---

① 这一部分的题目全部为单项选择题，最开始的三个为问卷开展工作人员面对受访者帮助先确定的问题，特别是确认受访者是否从村委会转变为城镇的社区管理这一指标，也为问卷开展工作者与受访者提供了一个初步的接触机会。这些题目无须受访者做过多的思索，方便受访者快速作答。根据前期预答问卷的反馈，这一部分的答题时间可以控制在 2 分钟以内。

析不同类型的居民对新型城镇化社区的认知和发展要求打下了基础。

调查问卷的第二部分（问题6～问题19），包括封闭式单项选择题和开放式选择题，有单项选择题，也有多项选择题，涉及社区居民对社区治理主体的认识、主体之间的隶属关系、相关主体责任划分以及居民对治理主体、公共服务的需求等。了解这些方面的信息，可以知道目标受访者居民进入城镇后对社区的意识、认识、关系、管理、组织活动、参与程度等方面的融入情况。

调查问卷的第三部分（问题20～问题25）是本次问卷的核心部分，公共产品或服务是这一部分的关键词，主要了解目标受访群体享用社区公共产品或服务的情况，以及期待享用的相应社区服务项目，推测出如何加速实现受访群体"人的城镇化"进程。另外，大胆假设受访群体再次选择社区居住时，社区公共产品的种类是否会成为最主要的决定性因素。对于日后随着新型城镇化的推进，社区建设的重点以及难点，笔者还利用李克特的五点量表式（Likert Scale）设计了一个问题，以考察受访群体对社区各个方面工作的满意程度，满意程度由非常不满意到非常满意，共划分5个等级，其中各项问题中公共服务或产品涉及较多。

本次问卷设计一律采用匿名填写，一方面是为了保护受访群众的隐私权利，特别是本次受访目标群体的抗拒性比较强烈，部分居民甚至是因为某些原因"被动城镇化"；另一方面是为了提高受访者回答问题的积极性和准确性。问卷调查过程中，我们向受访居民承诺，所有问卷的回答都会保密，仅限于学术方面的研究。

4.1.3　问卷的制作、发放和回收

考虑到受访对象填写的便利性及问卷的可操作性，所有问卷的问题均在一张 A3 规格的纸上双面打印出来，对折使用。纸质问卷一共准备了 330 份。

为了贴切本选题的核心思想，最大限度地收集一手信息，同时保证调查结果的有效性、普遍性、代表性，选定我国东部、中部、西部的不同城市、不同区域的社区居民。调查问卷的发放方式也是个人直接发放和委托发放相结合。问卷的发放工作在山东省济南市、四川省成都市以及湖南省常德市三地依次进行，由于问卷所选择的三个城市地域分布广泛，笔者委托山东财经大学在济南市、成都理工大学在成都市的选定社区发放问卷，笔者直接发放的城市为湖南省常德市。选定发放城市的同时，也提前通过和当地学术机构或政府部门进行沟通以了解哪一些社区更符合本次问卷调查的要求，特别是要符合问卷受访社区居民是由村委会转社区的居民占总受访居民数量的60%。在山东省济南市、四川省成都市以及湖南省常德市三个城市分别发放纸质问卷 110 份、120 份、100 份。山东省济南市由山东财经大学调研小组前往济南市槐荫区的社区，四川省成都市由成都理工大学调研小组前往成都市成华区的社区，湖南省常德市由笔者前往常德市武陵区的社区，这几个社区都位于城区的周边位置，是问卷设计之初锁定的目标区域。

本次问卷调查最终回收问卷总量 306 份，剔除问卷实施过程中题目回答缺失数量占问卷题目总数量的比例超过20%的问卷，最终得到有效的纸质问卷共 285 份，其中由村委会转入社区的居民问卷为 182 份，占总受访人数的64%，超过预期占比60%的目标。

4.2　问卷的信度检验以及样本特征

4.2.1　问卷的信度检验

本书依据当前学术界最常见的克朗巴赫阿尔法信度系数作为调查问卷信度检验的指标。一般来说，调查问卷的克朗巴赫阿尔法信度系数大于0.7则说明本次问卷的调查信度较高。本书依据SPSS 19.0统计软件，分析三个城市不同居民的问卷的克朗巴赫阿尔法信度系数（如表4-1所示）。

表4-1　　　　　　　　　　问卷信度检验结果

组别	克朗巴赫阿尔法 （Cronbach's Alpha）	问卷数量 （Number of Items）
问卷整体	0.856	285
山东济南居民问卷	0.805	95
四川成都居民问卷	0.795	108
湖南常德居民问卷	0.885	82

4.2.2　问卷的样本特征

在回收的所有问卷中，认定为有效问卷的居民，根据居住是否"村转社"类型分布状况如表4-2所示。

表 4 – 2　　　　　　　依据住房类型的受访居民类型分布

		山东济南市（东部）频数	湖南常德市（中部）频数	四川成都市（西部）频数	占总数百分比
有效问卷	"村转社"	52	68	62	64%
	"非村转社"	30	40	33	36%
	小计	82	108	95	100%
总计		285			100%

注：本书中有关"村转社"是指居民以前在农村村委会管辖之下生活，现如今转为在城市社区里面生活，可能是就地转，也可能是随着流动人口进城从而实现"村转社"。

资料来源：笔者经调查问卷分析所得。

本次问卷调查，接受问卷调查并能够提供有效回答的居民具有调查设计定向找到的居住身份，并且居民分别来自中国东部、中部、西部的三个城市，因此可以说笔者本次调查具有一定的代表性。

4.3　调查结果和数据分析

汇总所有调查问卷，特别针对有效问卷的回答内容，笔者逐一进行了统计和分析。问卷第一部分是受访者背景信息，第二部分反映三个城市社区的现状、居民与社区治理主体的认识、对社区治理主体之间的隶属关系、相关主体责任划分以及居民对治理主体的诉求，第三部分主要是基于公共产品这一关键词，"把脉"城市社区居民特别是"村转社"居民"人的城镇化"状况。

在了解受访者背景之后，主要考虑到我国城镇发展伴随着城市房地产行业井喷式发展的客观事实，以及随着城市的更新与扩张，商品房大量投放市场，社区所涵盖的房屋类型可能是单一的，也可能是各式各样的。新建的社区多以商品房为主，"村改居"的社区就可能存在新进城市人口进入老城镇旧宅房屋和商品房的混合情况，或是新进城人口到城市的政府部门上班，从而得到单位兴建的集资房，还有某一些人员选择社会经济适用房，或者租住房屋。因此，本研究不区分社区类型，而是以"人"为出发点，依据不同的人所居住的房屋类型这一视角，尽可能覆盖二三线城市各类群体的居民，尽可能在问卷调查选定城市的社区中找到"村转社"的居民，从而验证本次调研的客观性，体现"村转社"居民的代表性，探析"人"这一要素在二三线城市社区生活的现状。

表4-3统计了回答问卷的社区居民的住房类型分布。

表4-3　　　　　　受访的社区居民居住房屋类型分布

		频数	占总数百分比（%）
有效问卷	商品房	66	23
	经济适用房	74	26
	单位集资房	57	20
	老城区旧居住宅	31	11
	其他	57	20
总计		285	100

资料来源：笔者经调查问卷分析所得。

表4-3中的数据表明本次调研活动总体上具有代表性。本次问卷设定了五种典型房屋类型。住在商品房中的居民占全部受访者23%，在一定程度上反映了新进城市或者由于城镇化、工业化进程使

生活得到改善的大部分居民会选择购买当地居住环境较好的住宅；经济适用房住户占所有受访者的 26%，则反映了城市中的老人、严重残疾人员、患有大病人员、经济适用住房建设用地涉及被拆迁家庭、重点工程建设涉及的被拆迁家庭、旧城改造和风貌保护涉及的外迁家庭、优抚对象和承租危房等住房困难的家庭，在符合当地一些基本条件下，例如家庭收入、家庭人均住房面积等指标处于低下水平，这一部分弱势群体或者困难家庭的城市居民是主要居住群体；单位集资房是单位制留下来的"社会的历史遗产"，是通过政府、单位、单位职工共同筹集资金建造的房屋，仅面对自己单位有住房困难的职工，这一个城市居民群体，有固定的收入，具有其独有的代表性，因为社会体制改革以及城镇化的发展对这一群体的冲击也不小，单位集资房住户占所有受访者的 20%；老城区旧居住宅的住户主要就是城市老住户，是城镇化历史以及社区建设过程的见证者，对这些方面有自己感官上深刻的体会，由于本次调研主要针对"村转社"新进城市的居民，所以老城区旧居住宅住户只占据所有受访者的 11%；其他住房类型的这部分居民占据所有受访者数量的 20%。

　　每一类型的房屋居住者之间样本数量相差都不是很大，无论这些受访个体是否为"村转社"的居民，数据显示这次问卷调研涉及了不同住宅类型的居民，涵盖了社区中的各类居民，问卷的可信度也从住房类型的数据结构上得到侧面验证。因此总的说来，本次研究从专注于"村转社"或"非村转社"居民这两种身份角度，对二三线城市人口城镇化的实际进展状况与相关问题进行了有代表性的分析，同时收集的样本数据也具有一定的代表性。

　　另外，这些受访居民进入城市生活的时间如表4-4所示。"村转社"的居民进入城市达到5年以上的占比37%，其实从某种程度上说明是其对城市生活方式有倾向性，意愿上也是更想在城市里生活。

表4-4 受访的社区居民进城时间长短统计

指标		"村转社"居民 百分比（%）	"非村转社"居民 百分比（%）
有效问卷	进入城市不足1年	3	2
	进入城市1~3年	14	6
	进入城市3~5年	10	3
	进入城市5年以上	37	24

资料来源：笔者经调查问卷分析所得。

4.3.1 二三线城市基于公共产品理论的社区建设实证分析

社区居民可以说是最直接面对公共产品或服务的一个群体，也是对公共产品或服务有最直接需求的群体。公共产品具有有形和无形的特征，本次调研偏向有形公共产品，这些产品能出现在居民日常生活中，并且由于种类繁多，答卷不限选项个数，统计时采用单个选项被选中的次数来反映该项公共产品或服务在社区的受众度（如表4-5所示）。

表4-5 在社区体验过的公共产品或服务项目问卷调查

公共产品		"村转社"居民频数	"非村转社"居民频数
有效问卷	事务受理中心	13	18
	社会保障服务	25	21
	计划生育心理指导室	33	15
	社区卫生服务	74	66
	党员服务中心	22	25
	爱国主义教育基地	12	10

公共产品		"村转社"居民频数	"非村转社"居民频数
有效问卷	社区职业介绍所	36	32
	社区福利院	58	51
	文化体育活动室	96	82
	老年人活动室	95	78
	法律咨询服务	26	20
	信访接待处	32	16
	社区学校或培训	55	42
	老年大学	68	55
	社区图书馆	36	28
	慈善基金会	12	7
	老年人协会	62	58
	残疾人服务中心	8	5
	其他	35	27

资料来源：笔者经调查问卷分析所得。

由表4-5中的数据可以看出，问卷调查中已设计的项目在居民意识中社区基本都提供过，其中最多被居民选中在社区中提供的公共产品或服务项目为文化体育活动室，排在第二位的项目为老年人活动室，排在第三位的项目是社区卫生服务，反过来看，最少被受访居民选择的，在某种意义上也就是说社区提供的较少或社区居民知晓最少的项目为残疾人服务中心，其次是慈善基金会，再次为爱国主义教育基地。

计划经济时代，社会公共产品或服务、个人住房、医疗、教育等与单位紧紧绑在一起，单位承担大量公共服务的职能。人们进入城市"苦苦追逐"更好的单位，最终目的当时就是为了得到更优越的社会公共服务。在目前新型城镇化条件下，单位制已经逐步瓦解，社会转型也是稳步进行，社区更像是一个介于私人部门与公共部门之间的规制社会部门，但是具有明显的政府导向性，社会的公共服务的数量和质量与当地政府部门密切相关。这次问卷调查中，对公共服务项目更多的是从种类的角度去评定，这也是最基本的一个要求，当然，在回收的问卷中，我们也发现济南市、常德市和成都市的社区都还是有个别没有在问卷中提到的服务项目。

笔者实地调研的结果表明，常德市的社区确定能提供问卷中的各种服务项目，但是服务供给主体就是社区本身或者社区内离退休老人、老党员等组织而成的志愿队，即非政府性组织或非营利性组织在公共服务中参与的程度非常有限，更不必说社会营利性组织与社区在某些特定公共服务项目中发挥作用了，社区的实际情况突显出公共产品或服务项目供给主体单一、参与人员年龄偏大的特点。

众所周知，非政府性组织和非营利性组织能够有效缓解公共产品或服务项目供给主体单一的情况。现在我们换一个角度看。从二三线城市居民的角度出发，从居民的需求方面出发，笔者在问卷中有意识地设计了一个问题（问卷中问题23的第7小题），对其的回答见表4-6，从中可以清楚地看出，在城镇化进程中有过身份转换的"村转社"居民，其"比较同意"和"非常同意"选项分别占据整体的32%和9%，两个比例的总和为41%，差不多占据一半，另外"非村转社"居民的"比较同意"和"非常同意"总和为22%，两类居民的总和达到63%，这些数字可以客观地表明，经历过村委会进入社区的进城居民，有强烈的需求希望改善公共产品或服务不够丰富的问题。

表 4-6   受访居民对非政府组织或非营利组织的看法

Q：您认为非政府组织或非营利组织需要更多参与社区建设。		"村转社"居民占比（%）	"非村转社"居民占比（%）
有效问卷	非常不同意	1	0
	比较不同意	4	5
	不确定	18	9
	比较同意	32	14
	非常同意	9	8

资料来源：笔者经调查问卷分析所得。

对于社区内各种组织是否努力加强社区服务工作，超过一半（57%）的受访居民都不认同各类组织做了许多努力，28%的居民表示不确定，表明由于个体的原因不了解社区内是否有组织提升社区服务，或是社区内并没有通过各种组织明显提高社区服务数量和质量，以至于社区居民并没有察觉。由此可见，社区内组织的加强是社区建设过程中非常重要的一个环节。

表 4-7   受访居民对社区各类组织是否做出许多努力的看法

Q：目前社区内各类组织在公共服务等方面已经做了许多努力。		"村转社"居民占比（%）	"非村转社"居民占比（%）
有效问卷	非常不同意	5	5
	比较不同意	33	14
	不确定	18	10
	比较同意	8	5
	非常同意	0	2

资料来源：笔者经调查问卷分析所得。

除此之外，受访居民对社区所能提供的公共产品或服务项目是否为社区建设的关键也阐述了各自的观点，由表4-8可以看出，选择"比较同意"和"非常同意"选项的居民达到66%，无论是"村转社"居民或是"非村转社"居民对于社区提供的服务都有着比较殷切的期望。

表4-8   社区服务是否为社区建设的关键

Q：您认为社区所能够提供的服务是社区建设的关键。		"村转社"居民占比（%）	"非村转社"居民占比（%）
有效问卷	非常不同意	1	2
	比较不同意	7	2
	不确定	13	9
	比较同意	29	14
	非常同意	14	9

资料来源：笔者经调查问卷分析所得。

总体说来，从政府提供公共产品或服务种类的供给侧以及居民（"村转社"与否）的需求侧两方面来看，"以人为本、公平分享"是新型城镇化的基本原则。社区是城市里最直接面对各类型居民的一个组织，是向这些居民了解需求、提供服务的重要平台，在本书的第3章中也曾论证过，新型城镇化要求社区建设实现"人的城镇化"，社区建设需要完善公共产品和服务，因此，各个城市应根据社区实际情况，动员区域内的社会资源和力量，准确地定位社区内居民的需求，提供所需的公共服务项目种类，开展多维度的社区活动项目，增强各类城市居民对所在社区的依存感和归属感。

4.3.2 二三线城市基于公共选择理论的社区建设实证分析

著名经济学家卢卡斯（Lucas）的研究表明："医疗卫生、教育和社会保障等基本公共服务是促进人力资本形成与流动的至关重要的因素。"[①] 人口的流动由农村进入城市，有着居民追逐个人或其家庭利益更大化的初衷，同时也可能在对诸如生活环境、基础设施、公共服务等方面有一定的要求，特别明显的是有些地方存在"学区房"现象等，人们对"学区房"有着非常明确的、针对性很强的选择。因此，不同城市或同一城市不同社区的公共服务可能会决定居民是否长期居留在这一个城市社区。社区建设的过程中，就公共产品或服务项目而言，要考虑到社区居民的个人选择有可能通过民主决策最终转换为决定公共物品的需求和供给的集体选择。假设城市人口的流动完全充分，信息也是非常通畅，尽管城乡差异明显减少，城市的居民还是可能会"用脚投票"，寻求能够实现个人或家庭利益最大化的社区，这样的流动有利有弊，其最大的弊端就是人口有可能一直在流动，并没有"落地"社区，经历长时间的寻求未果，难免最终会走上西方社会"逆城市化"的道路。因此，现阶段了解居民（无论是否为"村转社"人口）对再次选择社区的因素，能够提升下一阶段社区建设的包容性和新型城镇化由"量"到"质"的转变。

在二三线城市进行问卷调查时，问卷中的第 21 题是有关居民

---

① Robert E. Lucas, Jr. On the Mechanics of Economic Development, Journal of Monetary Economics, Vol 22, No. 1, Feb 1988, pp. 3 –42.

再次选择居住的社区，哪些因素会是前三位让居民感觉是最重要的。在可选的十个选项——"社区公共服务""社区基础设施""社区治安""社区教育资源""社区自然环境""社区医疗资源""社区地理位置""社区生活便利性""社区亲朋好友数量""社区居民人均收入相仿"中（见本书附件），因为每一个等级的重要因素是可以多选，所以笔者针对每一个选项被选择的频数进行了统计，得到受访居民认为第一重要的因素——"社区公共服务""社区治安""社区教育资源"，第二重要的因素——"社区基础设施""社区治安"和"社区地理位置"，最后第三重要的因素——"社区教育资源""社区医疗资源"和"社区生活便利性"被选择的次数最多。

如前文调查问卷所述，就当下二三线城市受访的社区居民意愿来分析，"社区公共服务""社区治安""社区教育资源""社区基础设施""社区医疗资源"是居民再次选择居住社区时重要的、决定性的因素，这几个因素的"非排他性""非分割性"和"非竞争性"都很明显，都是需要通过政府部门进行直接提供或者说是引导提供的，随着新型城镇化进一步推进，这些基本的公共服务种类、数量分布不均，可及性不够，自然会导致居民的迁徙意愿出现，以寻找实现其利益最大化的社区，而当前进城居民中有一部分是进城务工的流动人口，他们的子女和家人留在农村，这个群体更多的意愿是进入城市务工，如果长期在城市中无法和市民拥有相同的居住生活公共设施和享用公共服务项目，其很有可能在"落叶归根"的传统思想下，选择"用脚投票"——集体返乡、离开城市，这种社会现象不利于社区可持续性建设，其实也更不利于我国新型城镇化战略的具体实施。

在调查问卷第20题第二问中，笔者对受访居民目前期待社区提供哪些公共服务项目进行了统计，由于是多选题，依旧按照每一项被选的总数进行统计，结果显示"社会保障服务"是被选择次数最多的一项，"社区学校或培训"位居第二，"信访接待处"排在第三位，可以看出，城镇居民更关心的是个人社会保障问题，特别是"村转社"居民对培训和有问题向政府部门反映等方面的需求特别明显。为城镇居民寻求一条通畅的诉求表达渠道显得尤为重要。

公共选择理论经过这些年的发展，可以说得到了一个共识——政府其实不是公共产品的唯一提供者。但目前存在的实际情况是，有些地方政府代替居民对公共产品或服务进行选择，社区的工作更多是完成上一级领导单位所布置的任务，社区对逐步推出哪些种类的服务项目没有决定权，社区服务组织管理人员存在由相关行政部门领导或者干部代表兼任的现象，社区服务供给体系同社区行政体系存在"两张皮"的现象。殊不知我国现阶段人口大面积的流动，进城居住人口的社会背景迥异，个人对公共产品或服务的需求随着经济文化生活的提高会出现多样化趋势，社区需要更多关注居民对公共产品或服务的新需求，关注背景不同的居民对社区内公共产品或服务的满意程度，地方政府要由之前内部决策、由领导人决定的体制转变为民主询问、开放式、对话式的决策体制，通过城市社区这一重要的单元，使基本公共产品或服务在供需选择上实现真正的无缝对接。

4.3.3　二三线城市基于社会融合理论的社区建设现状

根据第七次全国人口普查结果，我国流动人口约为3.76亿人，伴随新型城镇化持续稳步进行，人口进入城市在所难免，而千万人口级别的一线城市，已经很难承受大量人口的涌入，但是我国城镇化还处于快速增长期，这些持续新进的人口就需要由二三线城市"消化"。另外就社会融合理论来说，在前面第3章讨论过，社会融合的研究关注人口迁出决策、迁移过程和迁移结果，迁移过程是短暂的，而人口迁出决策或者迁出的动因，在一定程度上就成为我国城镇化发展大战略最主要的因素，政府着重提升城镇的教育、医疗等公共产品或服务的质量，城镇就业对外来人口经济能力提升的吸引等，都在吸引着劳动者和其家庭成员前往城镇；毋庸置疑，迁移结果就是更多的流动人口进入城市，但更为关键是要能留住他们，帮助其成为真正的城镇居民，由此，笔者认为社区作为城市管理最基础也是最重要的组织，对迁移结果起到了至关重要的作用，通过社区实现社会公共产品或服务项目的可及性显得尤为重要！

为什么这么说？前文分析指出，人口由农村进入城市，有着居民追逐个人或其家庭利益最大化的初衷，因此说进入城镇生活在社区这一社会单元中，一旦实现不了个人或其家人的利益最大化，人口还是可能在社区间、城镇间进行流动，最终找到利益最大化的社区或者城镇，才能进行最终的社会融合。所以，笔者采用第3章理论基础中（如表3-2所示）探讨的"社会融合"类型关系，并考虑到社区层面对应的能解决的问题，依据社会融合的相应指标，寻求社区建设中相应的维度进行探索，并将这个思路体现在设计的问卷调查中（如表4-9所示）。

表4-9   社会融合指标下社区层面融合的描述

社会融合指标	社区融合子维度	对应社区调查问卷中问题描述
经济融合	个人收入、房产、职业	1. 您目前的职业
		2. 您个人的月收入
		3. 您对目前居住的房子是否拥有产权
政治融合	个人在社区参与的政治活动	1. 我希望有更多的机会参与社区民主决策、民主监督、民主管理（采用五点式李克特量表衡量）
		2. 2016年您或您的家人是否参加过居民委员会会议或居民代表会议
社会互动	社区活动参与	1. 您是否参加过非政府组织和非营利性组织举办的社区活动
		2. 在社区参与方面，我认为自己还有许多地方需要改进（采用五点式李克特量表衡量）
		3. 我对当前居民参与社区建设的现状非常满意
心理融合	自我认同、心理接纳	1. 与其他人相比，我参与社区建设意识是非常强的（采用五点式李克特量表衡量）
		2. 我对自己所在社区有强烈的归属感（采用五点式李克特量表衡量）
		3. 您认为社区服务站或社区工作站对您的城镇生活帮助（采用五点式李克特量表衡量）

资料来源：笔者经调查问卷分析所得。

表4-9中所选用的社会融合指标包括"经济融合""政治融合""社会互动"和"心理融合"（陆自容、徐金燕，2017），根据这四项指标，笔者对在社区维度的侧重点进行了少许调整，得到相对应的问卷问题，以了解当下城镇中社区居民的融合现状。由此思路，分解社会融合指标到社区维度，通过了解社区建设中居民现状，判定社区居民的城镇生活适应程度，辨析其中不适应的原因，力争加强并改善社区的建设，最终在社区这一社会单元内实现居民

的融合，从而达到社会层次的城镇融合。

（1）"经济融合"指标不仅说明社区内居民个人经济水平，还包括社区公共利益的水平，社会融合理论的三个流派（社会网络理论、现代化理论和制度主义）在分析应该在个人层面还是在集团层面来讨论经济融合问题时表现出许多差异，笔者认为可以尝试从社区这个层面探讨经济融合问题。个人的人力资本以及所代表的阶层身份不同确实能够影响个人的经济地位，但是在社区层面，在"经济人"充分流动的前提下，会自然形成个人经济地位相似的居民居住在同一个社区，就算存在不同经济地位的居民，社区也可以通过公共服务手段有针对性地进行帮扶，实现个人经济地位的趋同化发展，这也凸显了社区建设的必要性，以及社会公共产品或服务的无可替代性。

职业会体现城镇居民个人的社会经济背景，收入可直接评估所处社会经济阶层，这两个指标对"村转社"居民来到城市的生活满意度也是有显著的正相关性。从表4-10中可以看出这次受访居民的职业背景，"公司、企业、商业、服务业人员"这一类从业者还是占有比较大的份额，达到25%；由于委托进行问卷调查的时候有一些大学生填写问卷，因此在"学生"这一职业占据了不少份额；"专业技术人员"和"社区工作人员"紧随其后，"离退休人员"和"其他"职业人员比较少，在"其他"项中也还有个别是律师、非营利组织的工作人员、无业人员等。对于"个人月收入"这一指标，在"村转社"居民这一群体中，有占总受访居民将近50%的人月收入在3500元以下，占总受访居民34%的个人收入在1500元以下，占到了1/3，而个人收入在3500元以上的"村转社""非村转社"受访居民合计只占到24%。在受访居民中，拥有房屋产权的占49%，没有城镇房屋产权的占51%，"村转社"居民拥有房屋产权的比例达到受访整体居民的31%，确实是一个不低的比例，随着经济生活水平的提高，通过新购城镇住房这一渠道进入城镇生活的居民群体不容忽视。

表4-10　　　　　　　　经济融合指标社区维度受访居民情况

项目			"村转社"居民占比（%）	"非村转社"居民占比（%）	小计（%）
有效问卷	职业	社区工作人员	11	0	11
		公司、企业、商业、服务业人员	16	9	25
		专业技术人员	11	3	14
		公务员	8	2	10
		在校学生	13	13	26
		离退休人员	4	3	7
		其他	1	6	7
		总计			100
	个人月收入	500元以下	8	9	17
		501～1500元	6	11	17
		1501～2500元	15	5	20
		2501～3500元	19	3	22
		3501～5000元	12	5	17
		5001元以上	4	3	7
		总计			100
	是否拥有居住房屋产权	拥有产权	31	18	49
		不拥有产权	33	18	51
		总计			100

资料来源：笔者经调查问卷分析所得。

很显然，在新型城镇化进程中，流动人口来到城镇如果拥有较好的职业背景和较高的收入水平，就会达到他们进城镇的初衷——赚取颇丰的经济利润，在社区这一层面也会体现出满意度更高的生活表现；相反，如果部分新进城流动人口的社会经济地位较低，个人收入对于生活的改善和给予家庭成员、亲人的支持与帮助会更加有限，长期下去，这一个群体通过与城镇居民横向比较以及与老家亲戚朋友的纵向比较，可能会非常不利于他们在城镇社区的"落地"。尽管也有学者会认为，社会进步过程同时是一个优胜劣汰的过程，这一不利于稳定的群体可以离开城镇回到农村生活，但是新型城镇化要求社区建设强调对"人本"的尊重，解决社会分层、城乡对立，实现和谐、融合、平等的"人的城镇化"使命。在"以人为本"的基础上，提高"村转社"居民的经济收入，在某种程度上可以缓解公共服务部门的压力，并且经济收入提高后的居民，可以根据个人或家庭实际情况，购买专业化、个性化的公共服务，有利于公共服务供给部门向少数社会底层有困难的居民提供服务。

（2）"政治融合"这个指标虽然说"村转社"人口在最初存在很小的可能性参与城市政治活动，但是恰恰如果这一部分处于"半城镇化"的人口，在城镇中具有政治参与的积极性以及能够实现个人的利益诉求，理论上在将来不仅仅是"用脚投票"，四处寻找实现个人或家庭需求最匹配的社区，还可以"用手投票"，通过正确的渠道表达居民的相关意愿，岂不是表明"人的城镇化"实现得更彻底，因此本研究决定还是要保留这一个指标，还可为日后进一步研究可以形成对比分析。

社区建设其中有一项就是社区的居民自治。从表4-11中可以看出，这次回收的有效问卷中有43%的居民"比较同意"和14%

的居民"非常同意"希望有机会参加社区的民主决策、民主监督和民主管理，相比之下，"非常不同意"和"比较不同意"的只占到总数的18%。其中"村转社"居民对民主决策、民主监督和民主管理的期许明显高过"非村转社"居民。但是从表4－12中可见，65%的受访居民没有参加过社区居民委员会议或居民代表会议。对比表4－11和表4－12发现，居民的参与意愿还是比较强烈，但是参与程度确实不高。笔者分析认为，这种现象在二三线城市的社区中是比较普遍的，具有广泛的代表性。

表4－11　　政治融合的社区维度问卷探究结果（民主参与）

Q：您是否希望有更多的机会参与社区民主决策、民主监督、民主管理		"村转社"居民占比（%）	"非村转社"居民占比（%）
有效问卷	非常不同意	1	2
	比较不同意	7	8
	不确定	14	5
	比较同意	26	17
	非常同意	10	4

资料来源：笔者经调查问卷分析所得。

表4－12　　政治融合的社区维度问卷探究结果（个人政治参与）

Q：2016年您或您的家人是否参加过居民委员会议或居民代表会议		"村转社"居民占比（%）	"非村转社"居民占比（%）
有效问卷	是	22	13
	否	42	23

资料来源：笔者经调查问卷分析所得。

　　社区建设过程中，社区自治或者说是基层群众自治，也是体现我国人民当家做主最有效、最直接的方式，同时是实现我国社会主义民主的一种重要途径。社区层面的"政治融合"可以考虑为现居住于社区中的居民与现行人民民主制度的融合，但是新进社区居民在进城后对社会主义民主政治生活是否适应这一个问题同样重要。全国范围内推进社区建设多年来，我国由社区党组织领导居民自治的机制初步形成，在社区组织建设的同时，全国各地在社区设置党组织并不断完善，在本次问卷调研的 3 个城市中，基本已经达到党组织社区全覆盖。组织的基础存在了，在新型城镇化战略不断推进的情况下，党组织应将各项工作落到实处。

　　协商可以说是民主的精神，是民主风气能够扎根社区的必要条件，居民不参与，上级组织无法最直接、最准确地了解民众需求；居民不协商，上级组织就无法根据最终大多数民众的意愿进行决断。目前在调研社区里的主要现象是：第一，参与社区事务的居民涉及面不够广，老年人相对较多，女同志参与较多。第二，居民参与社区活动的内容更多的是实施参与，比如舞蹈队、健身队、环境整治或治安巡逻等。

　　由此看来，社区党组织还有许多细致的工作有待进一步完善。党组织的构建和制度的形成现阶段已经基本完成，接下来更为重要的是制度的实施与组织功能的实现。经济发展为个人带来了更多选择自由，社会进步为自治提供了更多的空间，这些都迫切地需要我国进一步完善民主政治，而城市社区的基层民主是老百姓"看得见""摸得着"的民主，社区居委会选举等实践的开展，成功勾画出我国民主政治的新篇章。但是表 4 - 12 显示，65% 的受访居民没有参加过社区居民委员会议或居民代表会议，特别是"村转社"居民，占到受访总居民人数的 42%，这一数据体现出来在我国社会转型过程中，这一群体的诉求表达不畅，受关注程度不够，如果"用手投票"不能成为社区内表达诉求的合理渠道，则"用脚投票"直接造成的就是新型城镇化战略的实施不成功。这样说来，对于居民"政治融合"是进一步改变生活方式，适应社区生活、城市生活，实现社会稳定转型发展的重要条件。

（3）"社会互动"指标放在社区这一层面，更多的是要考察流动人口进入城镇后对社区活动的参与性，没有参与，可能就更难以和当地居民进行互动交往。"村转社"的流动人口如果希望融入所居住的社区、城市，就肯定需要与城镇居民有所接触，与本地其他居民的互动程度在某种意义上影响着"村转社"流动人口对社区和城市的态度，要是他们之间的沟通交流效果良好，就能增强对城镇的好感，促进人口加速融入当地生活方式，相反要是效果不好，会使得流动人口对城镇产生一种退缩的念头，会认为自己不适应社区生活，城镇居民不愿意与自己来往，看不起"村转社"人口，因此会导致流动人口在社区以及社会层面的分化。

那么，如何才能与本地其他居民更好地互动？社区活动的积极开展，能够促进邻里互动。但是就目前所调研的城市来看（如表4-13所示），72%受访居民没有参加过非政府组织或非营利性组织举办过的社区活动，"村转社"居民在受访群众中占比达到46%。从社区活动组织方式来看，为何这道问题要设计为"参加非政府组织或非营利组织举办的社区活动"，而不写成"社区举办的社区活动"？在2014年，笔者对三线城市社区进行实地调研时就曾发现，社区居民参加活动基本上都是根据上一级部门安排部署的，而不是根据社区居民实际需求安排组织的，活动的开展也大多采用运动化的模式，百姓遇见就上，事后就忘，居民的参与可有可无。

而这次问卷对非政府组织或非营利性组织举办的活动设置题目，一是体现社区举办活动方式上是否具备多样性；二是从居民角度了解老百姓是否接触、了解非营利性组织。但是这一次的实地调研结果来看，邻里互动、活动参与的基础还是较弱，三个城市的居民有可能受到受教育背景、收入水平、生活质量追求程度等不同的影响，对问题有不同的回答，但是总的说来，"事不关己、高高挂起"的价值观还是存在于大部分百姓内心深处的。

表 4 – 13   居民参加社区活动与否

Q：您是否参加过非政府组织或非营利性组织举办的社区活动		"村转社"居民占比（％）	"非村转社"居民占比（％）
有效问卷	是	18	10
	否	46	26

资料来源：笔者经调查问卷分析所得。

从居民对当前社区建设中居民参与的现状满意度来看（如表 4 – 14所示），45％的受访居民比较不满意和非常不满意居民参与社区建设的现状，34％的受访居民表示不确定，按照一般的思维习惯，可将这部分群体意见看作不满意，比较满意和非常满意的群体只占到21％。城市新进人口与城市居民的参与，是社区建设重要的一个环节，是社区治理的基础，受访居民中只有13％"村转社"居民对居民参与社区建设的满意度达到比较满意和非常满意，这个数据还远远不够，对我们下一阶段社区建设的着重点提出了方向与实现的路径。

表 4 – 14　　　　　　　居民对社区建设参与现状的满意度

Q：您对当前居民参与社区建设的现状是否满意		"村转社"居民占比（%）	"非村转社"居民占比（%）
有效问卷	非常不满意	2	7
	比较不满意	22	14
	不确定	27	7
	比较满意	11	8
	非常满意	2	0

资料来源：笔者经调查问卷分析所得。

表 4 – 15 中，能够让笔者稍感一丝慰藉的便是还有 54% 的受访居民认为自己在社区建设的参与方面还有许多地方可以改进，这种自我认识为日后社区建设在二三线城市的大力推进奠定了一定的群众基础。

表 4 – 15　　　　　　居民对在社区建设参与方面自身改进的态度

Q：在社区建设参与方面，您认为自己还有许多地方需要改进		"村转社"居民占比（%）	"非村转社"居民占比（%）
有效问卷	非常不同意	1	4
	比较不同意	7	5
	不确定	22	7
	比较同意	29	19
	非常同意	5	1

资料来源：笔者经调查问卷分析所得。

社区居民不参加社区活动，邻里之间的互动就会减少，社区居民之间不交往、不互动，就很难形成共同的利益关系，对共同关切的社区事务很难达成共识，最后容易使居民个体之间与居民和社会群体之间、"村转社"居民与现有社区居民之间产生隔膜，在经济发展过程中累积下来的社会矛盾无法在社区层面得以解决，"村转社"社区居民的融合进程受到影响，社会发展的转型变革也就可能成为一场空。因此总体说来，目前阶段社区所缺乏的是一种社区参与机制的建立和完善，体现在参与人员、参与内容、参与制度化等方面，不仅是城市居民，更应该考虑到"村转社"居民这一群体。

（4）"心理融合"指标是最难阐述透彻的一个指标，因为心理活动更多的是居民们心理上和感情上的变化。心理融合是指在城镇社区生活一段时间之后，流动人口对自己是否真正适应或者说真正隶属于这座城镇、是否对自己的城镇身份有所认同的一种主观评价，是对新的城镇和社区邻里群体的一种归属。不少学者都认为，流动人口对城镇的社会融合最终阶段是心理适应与融合，只有到最终新进城镇人口的心理能够适应社区生活，才能说明他们完全融入选择的城镇和社区了。因此在社区层面，笔者设计具体问卷题目时，遵循简洁性和有效性，以最直接的切入点得到最关心的有效内容（如表4－16所示）。

表4－16　　　有关心理融合指标在社区层面的问卷探究分析

项目		"村转社"居民占比（％）	"非村转社"居民占比（％）
有效问卷	Q1：与其他人相比，您参与社区建设意识是非常强的		
	非常不同意	2	4
	比较不同意	4	4
	不确定	20	6
	比较同意	30	17
	非常同意	8	5

续表

项目		"村转社"居民占比（％）	"非村转社"居民占比（％）
有效问卷	Q2：您对自己所在社区有强烈的归属感		
	非常不同意	2	4
	比较不同意	31	3
	不确定	12	8
	比较同意	8	14
	非常同意	11	7
	Q3：社区服务站或社区工作站对您的城镇生活有帮助		
	非常不同意	5	4
	比较不同意	32	17
	不确定	21	9
	比较同意	6	3
	非常同意	0	3

资料来源：笔者经调查问卷分析所得。

　　进城居民在内心是否知晓城镇社区的情况以及下一步发展的方向，影响着居民的社区生活以及行为举止。经过研究进一步调查，被问及"与其他人相比，我参与社区建设意识是非常强的"这一问题时，有60％的受访居民认为自己的社区建设意识非常强，即选择比较同意和非常同意两个选项，其中"村转社"居民占到38％，换句话说，受访者中的"村转社"居民超过一半还是具备这个意识，当然也不能否认，还有40％的受访居民选择了"不确定""比较不同意"和"非常不同意"，这个比例也很高。对于选择"不确定"选项的居民，有存在不知道自己所在居住地的社区建设相关信息的可能性，个人的内心不觉得自己属于这个城市，也就没有意愿和动机去了解所在社区的相关建设内容，这一种情况很不利于新城镇居民对所在城市社区的心理认同。

如果说对社区建设的了解只是侧面反映城镇居民是否心系所在社区的发展，那么，是否把城市当作自己的归属地、是否有归属感这一点来得更加直接。在表4-16中的第二个问题"我对自己所在社区有强烈的归属感"的回答中，只有19%的"村转社"居民和21%的"非村转社"居民表示"比较同意"和"非常同意"，"比较不同意"的居民达到49%，可想而知居民的归属感目前在二三线城市中比较不理想。在被问到"您认为社区服务站或社区工作站对您的城镇生活帮助"这一问题时，也有达到49%的受访居民表示"比较不同意"，9%表示"非常不同意"，社区服务对居民产生城市生活的依赖性还有很大的提升空间。在实际调研中发现，"村转社"的居民可能在城市社区中已经居住较长时间，他们中间也有一部分人找到了一份稳定的工作，但是对老家的牵挂、田地的耕种、老人的赡养等，使他们可能对自己"老家人"的身份还一直放不下，对自己城市社区身份难以认同，更多地感觉自己是一个"过客"心态，想着在未来的某一天还是要回到自己的归属地——家乡。他们也无法认同所在城市或社区，随机搬迁到下一个城镇继续生活。这样只会加剧城镇居民对所在社区漠不关心，对所在城市的发展保持沉默，很难实现内心的认同与身体力行的关切。但是笔者深信，借用公共产品或服务这一工具，可以让城镇居民明显地感受到城镇生活的获得感与优越性，从而使社区成为所在城市能够留住进城的居民，从人的角度实现城镇发展的重要一环。

4.4　实　证　小　结

本章主要是选择3个二三线城市的社区作为研究对象，以公共产品理论、公共选择理论和社会融合理论为依据，设计相关问卷的题目，以公共产品或服务为研究切入点，通过问卷调查的形式获取选定城市社区居民对社区建设的相关数据，考察目前我国二三线城市居民融入情况，探讨"人的城镇化"在社区层面存在的问题和实现的方向。

研究结果表明：第一，从数据统计来看，调查问卷达到了设计问卷的目标，受访居民的覆盖面总体看来比较全面，所选社区比较有代表性，分析数据可信可靠。第二，通过实证分析了解到，尽管整体社区居民对于社区所能提供的公共产品或服务表达了殷切的期望，但是提供主体单一、种类有限的问题依然很严峻，因此加强社区组织建设是社区建设的重要环节。第三，现阶段社区公共产品的供给存在一定的问题，居民对公共产品或服务的需求、改进意见等的表达渠道有限，"从上而下"与"从下而上"两个渠道并不畅通，在供需选择上没有实现有效衔接。第四，问卷中依据社会融合的四个指标"经济融合""政治融合""社会互动""心理融合"在社区层面的考量发现，社区居民的经济收入提高有助于公共产品或服务提供给最需要帮助的城镇居民，有助于缓解公共部门的压力；社区居民的政治参与意愿较强烈，社区党组织作用有待进一步改进、完善；相关数据显示，居民对社区参与的现状满意度较低，参与度也不高，邻里互动、参与基础还是较弱，现有的参与机制效果有限，缺乏"从下而上"的参与机制；社区居民虽然超过半数具备社区建设的意识与认知，但是由于归属感不强，参与机制不完善，也就没有意愿和动机去投身于社区建设的相关实践中。

国外城市化过程中社区建设特征与启示

城市化是伴随着各国工业化进程的发展而产生的，我国城镇化进程中社区建设的现状在第 4 章进行了实证分析，但是国家处于不同的发展阶段，会有不同的轨迹。放眼全球范围看来，城市化的发展总体可以分为三个阶段：第一个阶段是工业革命前建立在传统农业基础上的人类城市化发展阶段；第二个阶段是工业革命后建立在早期工业化基础上的世界局部城市化发展阶段；第三个阶段便是在第二次世界大战以后建立在现代工业化基础上的世界全球城市化阶段。① 而在工业化推进城市化的进程中，社区直到"英国工业革命"完成后近 50 年才被学者关注和讨论，以 1887 年德国社会学家滕尼斯为主要代表，19 世纪这个时期的社区研究，还是处于研究前工业社会人的关系阶段，但是有一点也非常明确了——"具有共同价值取向的社会利益共同体"，这一点贯穿于城镇化发展的任何一个阶段而被保留下来了。同时，我们从社区在国外第一次被关注的讨论中发现，社区是基于个体人的研究，而非是对一种社会制度或者社会组织的形式进行的研究。对欧美国家的城市化进程中不同阶段社区建设的经验进行探讨，会为我国今后社区建设提供思路和可参考的经验。

① 新玉言 . 新型城镇化：比较研究与经验启示 ［M］. 北京：国家行政学院出版社，2013.

工业革命的发源地英国是全世界第一个实现工业化和城市化的国家，这对欧洲其他国家的影响也非常深远，并在 18 世纪一直占据世界领先地位。工业革命为美国也带去了高速的城市化发展，美国的城市化进程相对于英国就明显稍晚了一些，相关数据统计显示，1870～1920 年的 50 年间，美国城市人口由 1000 万增长到 5400 万，占总人口的比重由 20.0% 上升到 51.2%。[①] 进入 20 世纪，城市通过兼并邻近的一些社区达到地域的扩张，例如 1989 年的纽约市就兼并了布鲁克林区、皇后区和布朗克斯区，成为纽约市下辖的区县。芝加哥的人口从 1870 年的 30 万增加到 1890 年的 100 多万，其中 3/4 的城市居民出生在美国以外，虽然有些人在社区找到了舒适的生活，也找到了工作，但是还是遭受了严重的贫困。然而，这些穷人生活在城市的周边郊区，聚集在离城市中心较远的社区，这种贫困在很大程度上也是"看不见"的。

许多发展中国家的工业化进程就远不如欧美国家来得早了，由于常年受到西方发达国家的殖民统治，自身经济的发展也受到制约，城市化的起步就更晚了，工业化发展基础先天不足，发展道路坎坷崎岖。目前从全球来看，城市化都是由于工业化的发展而引起的社会要素、经济发展、人员流动聚集到城市这一个区域推动的。同时，城市化也使各项城市功能和社会服务不断提高和完善。

虽然各国的历史背景以及现实条件不尽相同，但城市化这一全球趋势在不同国家一定会有一些相同的特点，本章试图以几个典型国家为代表，从历史角度了解各国在城镇化发展背景下政府在社区建设过程中所扮演的角色，探讨各国在社区发展过程中如何解决社

---

① 赵明杰. 浅析美国的工业革命与城市化进程 [J]. 唐山师范学院学报，2005，27（1）.

会问题、缓解社会矛盾，并最终促进城市化进程良性发展的经验。本书选取最早进行城市化的英国和社区发展较为成熟的美国为代表，探讨这两个国家城镇化进程中社区发展的情况，旨在为推动我国新型城镇化下社区的建设提供重要的借鉴。

5.1　英国城市化进程中的社区建设

5.1.1　英国城市化进程的分析

英国是一个老牌的资本主义国家，是工业革命的发祥地，同时也是最早进行城市化的国家。在 18 世纪末，工业革命发生于英国这片土地上，并在 19 世纪后迅速传遍欧洲，工业的迅猛发展，对城市社会产生了重大的影响。英国的城镇人口开始增多，经济的发展使得一些新工厂和办公室搬进了城市，城市生活的面貌发生了深刻的改变，工业化进程创造了工厂主和资本家，社会中产阶级的财富规模也开始增大。

英国的人口分布和经济布局因为工业革命而被改变，开始出现新兴的工业城市和工业区。工业革命前，伦敦及其东南部作为英国经济最发达和人口最密集的地区，生产方式主要是居民在各自的家里进行手工生产。工业革命轰轰烈烈开展以后，工矿城市如雨后春笋般地在西北荒芜地区出现，这和当地有储量丰富的煤矿资源也有关，如曼彻斯特、利物浦等，英国的经济中心也就由东南向西北转移。工业的发展由原来分散转为集中，原来家庭式的生产流程被工厂集中式、流水化的生产方式所替代，集中的工业生产吸引更多的人力资源从农业转向工业，由农村搬迁到城市，工厂为了吸引以及留住劳动力，会给工人们提供住房，越来越多的农村人口以及海外移民转入城市，城市人口猛增（如表5-1所示），城市聚落围绕着新的工厂就这样自然而然地发展开来了，到1921年英国城市化率高达79.3%。

表5-1　　　　　1851～1921年英格兰与威尔士人口情况　　　单位：%

城市/农村人口各占全国总人口的比例									
年份	1751年	1801年	1851年	1861年	1871年	1881年	1891年	1901年	1911年	1921年
城市	22.5	32.8	50.1	54.6	61.8	69.7	72.0	77.0	78.1	79.3
农村	77.5	67.2	49.9	45.4	38.2	30.3	28.0	23.0	21.9	20.7
人口增长率						
年份	1851～1861年	1861～1871年	1871～1881年	1881～1891年	1891～1911年	1911～1921年
城市	21.9	28.1	25.6	18.5	19.9	12.4
农村	1.9	-5.9	-3.8	-2.8	-7.9	5.9

资料来源：Deane, P. and W. A. Cole, British Economic Growth 1688-1959, p. 6.
Mitchell, B. R. and Phyllis Deane, Abstract of British Historical Statistics, The Cambridge University Press, 1962.

从表5-1中可以看出，1751～1851年的100年时间里，城市人口数量增长迅速，并最终于1851年前后超过全国总人口的一半，这个时间点是具有重要历史意义的，不仅是在英国的发展历史上，在整个世界的发展历史上也是首例，由此英国正式成为世界上第一个城市化国家。这一个百年，英国城市人口的比例增长速度是非常惊人的，由22.5%到50.1%，差不多增长了28个百分点。当时无论是欧洲国家还是美洲国家，在城市人口数量和增长速度上，都没有办法同英国相提并论。

这一时期英国城市人口增长迅猛，城市数量增长却是十分有限

（如表 5 - 2 所示），17 世纪末英国整体城市数量只有 1005 个，到 1841 年，达到 1115 个，只是增加了 110 个，其中还有些城市早就存在但是并入伦敦地区，所以实际增加的城市数量可能比这个数字更少。

表 5 - 2　　　　17 世纪末到 19 世纪中叶英国城市数目的变化　　　单位：个

	17 世纪末	1801 年	1841 年
英格兰	851	873	956
威尔士	73	76	82
苏格兰	81	87	17
总计	1005	1036	1115

资料来源：Lanfoton，J.，Urban Growth and Economic Change：From the Late Seventeenth Century to 1841，p. 466.

原有城市规模的扩大、合并，或者新兴城市的兴起，是这一时期城市发展的几种主要形式。在城市数目增长十分有限的情况下，英国城市人口的数量以及占全国总人口的比例提高得特别迅速，由表 5 - 1 和表 5 - 2 中数据得到一个结论，英国早期城市化更多的是依靠原有城市规模的扩张实现的，这一时期的人口城市化也主要表现为城市人口的增长主要来自农村人口的迁入，并在工业化发展的拉力下，在城市经济发展的需要以及农村经济的变迁——"圈地运动"① 的共同作用下，英国城市人口迅速增加，并且最终超过全国

① 18 世纪后半叶与 19 世纪早期，英国支持大土地所有者兼并小土地所有者，议会制定的"圈地运动"实际已经实行。"圈地运动"使得许多小土地拥有者因为圈地的费用大大高于成片圈地的费用，虽然分得一小块土地，但是因为负担不起圈地费用而被迫转让小土地，因此"圈地运动"剥夺了农民的土地，许多小农成为无地的劳动力，生活水平下降，在城市高速发展以及高工资的拉力下向城市转移。

总人口的一半，速度之快，规模之大，对整个城市化进程中的人口城市化具有重要的历史作用。

在实现城市人口超过全国总人口数量的 50% 之后，1851～1901 年的英国总人口年均增长率为 1.55%，城市人口的年均增长率为 3.13%，农村人口的年均增长率为 -0.27%。在这段时间，英国的农村人口数量开始减少，由 968.5 万人降到 840.5 万人，减少了 128 万人，[①] 而这半个世纪，农村的人口年均增长率为负值，这表明农村净迁出人口数量比农村人口的自然增长数量要多。人口的城市化进程进入了一个新的阶段。这个阶段一直维持到世界大战的爆发。

城市化高速发展的一百多年中，英国也遇到前所未见的城市问题，城市居民苦不堪言，当时候的政府也是焦头烂额。（1）在城市化进程中，城市大小不同，发展的进度和程度不协调。工业和能源城市发展在前，中小城市发展滞后，全国城市发展出现不平衡的情况。（2）在工业化带动的城市化进程中，城市人口生活方式由家庭式劳作变为工厂制工作方式，工作时间增加，劳动强度增大，工作、生活环境改变，以前工作和家庭生活都在家庭里面，之后工作和家庭逐渐分离，这一切带给城市居民更多的是心理和生理的改变。（3）工业化的粗放式发展，城市规模扩张，造成城市环境污染和卫生问题严重，城市居民生活环境十分恶劣。（4）城市化的快速发展吸引大量的城市人口，工业化也对劳动力有较大的需求，城市人口的剧增对城市居住设施造成了巨大压力，住房资源一下子变得紧缺。在较长的一段时间内，"村转社"居民的居住环境质量并没有随着城市化进程得到改善。

---

① Deane，P. and W. A. Cole，British Economic Growth 1688 - 1959，p. 6. Mitchell，B. R.，Abstract of Brithish Historical Statistics，p. 9.

经过一百多年的城市化快速稳定发展，但世界大战的爆发让一切重新洗牌。第二次世界大战结束的初期，由于战乱的影响，城市劳动力明显存在短缺的现象，随着战后经济的复苏，大量移民随着农民一起进入城市，在某种程度上对城市劳动力短缺起到了缓解的作用。面对战争之后城市的衰落、移民与城市居民种族问题以及政府支出居民享受的公共服务与社会福利金额巨大等，英国急需城市的再发展，同时这个过程中遇到的社会问题也急需改变。硬件方面，政府通过合理的城市规划，进行城市基础设施建设，兴建城市住房，修复旧城区，其中最著名的当属英国的"新城运动"，经过三代"新城运动"的发展，城市生活基础设施逐渐完善，城市总体规划全面优化，特别是城市居民的居住环境更加人性化，城市化进程再一次提速，20世纪50～90年代，英国城市得到一次再生和更新。城市大规模地重建，在某种程度上说也是一场浩劫，它影响了城市原有的风貌，改变了居民传统的生活方式，减弱了城市居民的归属感，中断了城市社会发展的一种连续性。加之英国经济的繁荣景象不再，美国主导的世界格局逐步形成，国际环境发生变化，英国的城市化面临的不仅是经济问题，更是一系列的社会问题，其中社会发展的不均衡逐渐成为影响城市化进程的重要因素。20世纪末和21世纪初，英国政府通过"社区发展计划""社会反排斥部门""地方战略伙伴计划（Local Strategic Partnership）""携手共进（Together We Can）政策"等一系列措施，对城市进行改良和细加工，解决城市中就业、发展不平衡和社会公平等社会问题，开创了英国城市化率再创新高的时代，截至2015年，英国的城市化率达到82.59%（如表5-3所示）。

表 5 - 3　　　　　　　2005 ~ 2015 年英国城市化率　　　　　单位：%

年份	城市化率	年份	城市化率
2006	80. 20	2011	81. 57
2007	80. 48	2012	81. 83
2008	80. 76	2013	82. 09
2009	81. 03	2014	82. 35
2010	81. 30	2015	82. 59

资料来源：United Kingdom：Degree of Urbanization，The Statistics Portal，2017.

英国的城市化发展进程有起有伏，在经历过战争的洗礼之后，英国政府也由最开始"一刀切"的城市建设，逐步转变为注重社会公平，关切社会不平衡现象，并通过不断调整城市发展政策，最终依靠社区的发展，实现了英国城市全面、和谐、整体的发展。

5.1.2　英国社区发展分析

英国应该说是世界上最早完成工业化和城市化的国家，也最早遇到了城市发展引起的社会问题，加上世界大战之后百废待兴，英国的城市化在不停地遇到困难和竭力解决问题的过程中向前发展，特别是政府在城市居民的公共服务与社会救济制度等方面的作为，是城市化进程走向细致化、精细化、人性化的一场社会改革。

如前文所述，城市问题经过各种运动和政策，始终得不到实质性的解决，城市进程引起的社会问题一直存在，特别是在世界大战之后的几十年中，学者们也认识到，经济发展在城市化进程中解决的仅仅是居民物质的需求，根深蒂固的城市问题还需通过社区工作才能改进和缓解，当局政府开始重视社区的发展，并且嵌入城市化深度发展的轨道，对英国城市复兴产生了积极的影响。

1. 社区救助和慈善组织

英国的社区概念真正被提出之前，所谓的社区工作更多地以一种救助形式和慈善组织关爱的方式表现出来。1601 年前后，当时的社会贫困严重，伊丽莎白女王执政的政府针对社会贫困现象，颁发了一系列帮助贫苦大众的法案，其中最为著名的应该是《济贫法》，这一法案成为整个西方对于救济的立法以及社会救济贫民事业的一个重要里程碑，基本上确立了英国社会救助在政府责任下的公共救济模式。

在当时，英国社会的基本政治单元是主教区和小教区，这些教区是社会各种关系联系的纽带，是社会团结各个居民的基础，是维护社会秩序、防止贫民四处乞讨流浪的保障，是救济贫民、提供食物、给予适当补助、介绍工作给有能力老百姓的主要社会单元，教区救助是当时社会中主要的救助力量，这种形式经过 300 多年的发展，在英国社会建立起一个原则，也就是地方社区原则，这种地方社区救济的原则，随着社会不断变化以及需求规模的扩大，逐渐在社区中发展为各种慈善组织。

社区慈善组织的出现，为 19 世纪中后期英国社会问题提供了一种社会解决方式。随着工业化的全面发展和城市化的快速推进，1851 年前后英国城市人口达到全部人口的一半以上，城市化发展进入新阶段，但是英国遭遇了前所未有的城市"毛病"，工业化、城市化引起的工人失业、社会贫困现象成为当时社会的突出问题，英国政府先后颁布了许多扶贫政策和措施，社区救济因为教区活动的普众性，与社会需求的多样性存在一定差距，于是社会慈善组织逐渐成立起来，在社会公共福利方面提供帮助，如教育、医院、老人院等，更进一步地说，英国著名的社会改革家亨利·索里牧师①基于当时德国先后实行的汉堡福利制度（Hamburg System）和爱尔伯福利制度（Elberfield System）②，于 1869 年在伦敦市成立了第一个慈善组织协会（Charity Organization Society），成立这一协会主要是为了避免各个慈善组织之间因为缺乏联系而造成重复浪费，甚至相互冲突的现象，鼓励民间慈善组织开展各项慈善活动，提倡邻里互助。慈善组织协会的出现，更有利于各慈善组织、救济机构采取协调合作的方式解决社会问题，支持和协调政府与私人慈善组织的社会公共服务活动，对社会救济和社会福利有针对性地进行支持，也为后来社区组织工作的产生和发展奠定了基础。英国伦敦慈善组织协会成立以后，周边几个大城市纷纷效仿，其社会效应更是在几年之后传播到了大西洋彼岸的美国。

2. 社区睦邻运动

说到英国的社区发展，不得不提及的便是社区睦邻运动的兴起与发展。英国社会教区救济和私人慈善组织出现之后，1881 年，德国社会学家滕尼斯在理论界首先使用了"社区"一词，同时英国的宗教界人士和一些社会科学研究者发起了一场后人都没预料到其影响力的社区睦邻运动，还相应成立了社区福利中心，主要是支持和协调政府与私人慈善组织的各项活动，加强社区成员之间的了解和相互合作，培养社区成员的自治精神，鼓励民间的慈善活动。其中非常具有历史意义的是 1884 年坎农·巴尼特（Cannon S. A. Barnett）牧师在伦

① 亨利·索里（Herry Solly，1813－1903），英国著名的一神论教派（Unitarian）牧师和社会改革家，是英国重要的社会组织——工人俱乐部、慈善组织协会以及花园城市运动的主要发起者和创始人。

② 汉堡福利制度（Hamburg System）和爱尔伯福利制度（Elberfield System），是指德国城市汉堡和爱尔伯实施的调动社区居民积极性的社会福利制度，鼓励成员参加本社区的社会福利工作，倡导社区内部成员自我服务，志愿服务。

敦东区的贫民区建立的社区睦邻服务中心，即汤恩比馆（Toynbee Hall），这一个中心的成立标志着社区睦邻运动的开始。

随后这种模式在欧洲其他国家和美国迅速铺开。英国的"睦邻运动"过程中成立的福利中心，基本上都坐落于贫民区内，工作人员就居住其中，一同和贫民生活，社区的工作主要是依照居民当下实际需求而定，无缝对接社会弱势群体，积极利用社区内的资源，例如一些有知识、受过高等教育的居民到社区和贫民共同生活，有助于贫民居民接受教育和享受文化生活，同样，这些知识分子能够实地、深刻了解社区现状与社区需求，在解决社区发展问题上献计献策，推动社区相关学术研究的发展。

由此可以看出，在英国城市化进程中，社区是由民众、宗教、社会活动家针对社会问题自发形成的，通过社区救济、慈善组织活动、睦邻运动等体现社会关怀与社会福利，是一种"由下而上"的发展途径，发展至"睦邻运动"，社区仅作为一种社会应急的手段，并没有形成一股统一的力量、一种系统的策略，所起到的作用还是有一定的限度，不过总体说来，社区已经明确成为当时工业社会中解决社会问题的一条新的途径，特别是在这个过程中，民众的自治、互助精神得到明显的培育。

3. 社区运动的兴起至"社区发展项目"

经历过两次世界大战的洗礼，英国城市各方面的发展百废待兴，城市复兴的初衷主要是以物质和经济复兴为主要目标，政府发起了三代"新城运动"，城市得到了快速的复兴，解决了大量物质和经济问题，比如贫民窟的清除、住房问题的改善、新城的建立和物质生活的提高，战后初期所进行的这些城市复兴运动，应急性地解决了战后留下来的城市问题，但这也只是解决了当时的燃眉之急，更深层次潜在的社会问题解决方案仍停留在规划中，并没有得到重视和有效的解决，特别是在 20 世纪 60 年代末期，英国出现了经济危机，社会问题赤裸裸地再次暴露出来，贫困成为英国社会的一个主旋律。英国政府逐渐意识到社会问题的严重性以及社区在城市复兴中的重要性，在社区参与下的城市建设不仅可以解决物质和经济问题，更重要的是可以解决社会问题，政府在城市复兴的背景下，逐渐把城市中社区的发展作为城市复兴运动的一次新的尝试，社区运动的兴起实际上也是政府在两次世界大战后对民众生活需求的进一步政策支持，主要体现为反清除和重建方案的运动和环境运动，这两项运动的目的是在城市社区动员居民自己的力量，解决战后住房问题和经济发展带来的环境恶化的相关问题。由于这两项社区运动是一种基于居民自发的"自下而上"的社会运动，所以吸引了更多的人关注和参与，对社会改革起到了一定的积极作用，但是影响还是相对有限，因为缺少更多的资源和组织力量支持以及有计划的领导方案，于是在 1968 年前后，由地方性政府主导的"社区发展项目"（Community Development Projects）正式出台。

"社区发展项目"有几个明显特点。第一，该项运动是一种对社区运动的再发展项目。社区活动的兴起，引起了地方政府的重视，并且让政府认识到社区运动需要和政府政策结合才可能影响政策项目，加之社区成为当时候缓解英国社会矛盾与贫困的一个方案，新的由地方政府主导的改革方案"社区发展项目"应运而生。第二，"社区发展项目"和"城市规划"协调启动。城市化的发展规划和社区发展的一些项目协调进行，主要是针对特殊的社会需要开展的。"城市规划"由中央政府部分出资，地方政府主要负责实施的项目，旨在利用政府与其他社会和立法手段，尽可能确保所有的市民在生活中享有平等的机会。[①] 这一规划的早期主要还是以建设学龄前儿童的教育设施为主，同时包括青年人和社区发展的项目。"社区发展项目"的每一个项目都有一个行动小组和一个研究小组，分别由当地心理学家、社会工作者组成，并得到了当地的大学支持研究。可是在实际操作过程中，这两个组织之间的协调工作并不是非常理想，在内外因素的作用下，"社区发展项目"逐渐地走向衰落。

尽管到最后"社区发展项目"只是作为主流"城市规划"的附属项目而衰落，但"社区发展项目"在地方层面促进整合了相关社会服务，主要提供政府无法满足居民的相关服务，比如新进城市人口就业培训、便民服务、信息供给等，为城市化进程提供了新的血液，对城市复兴的相关运动产生了积极重要的影响。"社区发展项目"促进了社区团体的产生，加大了居民社区参与度，改善了民主建设，社区工作的作用也受到社会广泛认可，培养了社区居民积极的社区价值观以及互帮互助的理念，为英国城市的发展指明了一条新的道路，使城市快速复兴，但是社区发展和城市复兴都还处于初级阶段，各相关部门之间未能通畅地协调与合作，致使社区发展逐步走向城市复兴的边缘。在新的经济形势和社会转型中，英国城市发展中的社区建设又迎来新的挑战。

4. 以社区为基础的经济发展

20世纪70年代，全球经济陷入第二次世界大战以来最严重的萧条期，70年代末开始，英国的城市化和社会发展都进入了一个新的阶段，石油危机影响削弱了英国等资本主义国家的经济发展，城市发展面临着去工业化和城市—乡村转型的双重夹击，工业和人口

---

① Rob Atkinson, Granham Moon. Urban policy in Britain: the City, the State and the Market. Hampshire: Macmillan Pr. Ltd. 1994, p44.

在这一个时期都从城市中转移出去了，人口分散现象趋于严重，去工业化和城市—乡村转型共同作用，造成英国南北分化现象进一步严重，北部城市持续衰落，南部的城市成为经济主要的增长地区，政府当局对城市复兴政策也相应作出了改变。1979 年，撒切尔夫人代表的保守党上台，强调以货币主义替代凯恩斯主义，主张以市场力量调节经济活动，同时以市场力量带动社区进步。

撒切尔夫人政府开始重视并提高社会私人部门的作用，以房地产行业为主要力量引导城市复兴，同时提倡促进小商业的发展，其中最重要的两个城市政策为"城市发展补助金"（Urban Development Grant）和"城市开发公司"（Urban Development Corporation），前者主要用于鼓励私人企业参与由政府援助的城区开发项目，后者成为英国城市复兴政策的中心机制，吸引私人部门的投资，开发城市建设，主要负责恢复英国国内的废地、荒地以及改造城区旧房项目。撒切尔夫人政府逐渐开始远离社会、环境和社会福利等工程，倾向于大规模的土地买卖和房地产引导下的城市复兴，确实吸引了社会投资，创造了一定的就业机会，使土地拥有者成为主要受益者，但对人才市场的影响不是很明显。

撒切尔夫人的城市复兴理论是寻求市场力量促进城市的复兴，减少了政府干预城市管理，市场约束力进一步减弱，城市开发公司提高了私人部门的主动性和能动性，但这只是一味地追求经济的建设和发展，忽略了社会的发展，在这样的以经济为主题的城市复兴政策下，社区的发展也就集中在社区经济的开发，商业为社区的发展提供了新的动力，社区也不再只是解决贫困和失业等社会问题的载体，更倾向于利用经济的发展使社区民众全面受益，"以社区为基础的经济发展"策略孕育而生。这是一种社会经济发展的方法，其实并不是一个什么组织形式，主要的经济主体行为是：第一，发展那些私人部门不感兴趣的城区零售商业，如商店、自动洗衣店等，并以社区为基础搭建，可以最大限度地满足居民日常生活需求。第二，提供服务给自我雇佣人员的部门和小商业，为新的小企业提供运营建议和小型工作场所。第三，多由政府和社区商业团体组成的代理机构，通过技术培训和相应的雇佣方案，开发社区在经济上的独立性和自主性。第四，财政部门通过信托设备、长期低息贷款、商业投资补贴等推动城市社区的经济发展。

总体说来，"以社区为基础的经济发展"作为一种形成当时地方经济政策的机制，为地方政府提供了一个新的视角，有利于处理涉及面比较广泛的社会问题，同时能够引导目标社区工程得到真正的利用。但是长远来看，社区商业开展之时，英国政府其实并没有相应的主流政治和哲学基础对其进行支持，许多社区工程更多的是依靠国家的投资，"以社区为基础的经济发展"策略并没有完全形成可持续的经济发展轨道，撒切尔夫人的以经济为主题的城市复兴政策引导的是一种单向的社区发展，这种模式一旦陷入内部发展困境，则无法通过垂滴效应使城市走向全面复兴，经济的发展也就不等同于社会的全面发展与进步。实践证明，英国城市社区的发展不仅需要经济的复兴，更重要的是需要社区复兴。

5. 社区参与的城市复兴

撒切尔夫人执政时期，房地产一直作为主导产业促进着城市化的进程，经济蓬勃发展，但是经济发展的成果并没有惠及地方的社区，城市的贫富差距和不平等现象加剧，到了 20 世纪 90 年代初期，贫困人口上升到20%，而1977 年时这一数字仅为6%。[1]

---

[1] Rob Imrie, Mike Raco. Urban Renaissance? New Labour, Coummunity and Urban Policy. Bristol：Policy Press, 2003，p145.

撒切尔夫人下台之后，保守党认识到仅靠商业的发展还不足以带动整个城市的全面发展，市场机制主导的城市复兴也并没有有效地解决城市社区的社会问题，通过汲取撒切尔夫人的相关经验，保守党开始关注社会问题，开始注重社区参与城市化进程的作用，城市的复兴应该是社区的复兴，而不仅仅是房地产的开发和社会物质环境的改观，最终在城市复兴的相关政策中政府建立了一种新型伙伴关系，使得社区逐渐融合到城市复兴中。

这种新型的伙伴关系除了继续鼓励吸引私人部门投资，更加强调公、私、社区三方的合作伙伴关系，强调经济、社会、环境等多个目标综合发展，以避免类似于房地产开发为主导的单向经济发展。1991 年英国政府出台"城市挑战"政策，由中央政府设立"城市挑战"基金，地方政府与公共部门、私有部门、当地社区及资源组织等各方面力量组合形成伙伴团体，共同竞争基金，获胜者则利用这笔基金实施它们共同策划的城市复兴项目。这种伙伴关系对城市社区产生了很大的影响，因为社区不再只是城市复兴的附属品，而是城市化进程中政府和其他部门的合作伙伴，有政府部门的支持，有私人部门的资金，还有共同策划城市复兴方案的机会，因此这个时期加速了社区的发展，全面提高了社区居民就业、教育、医疗、文化、体育生活的质量。

城市化由原来的单向型发展转为综合型发展，社区也逐步由单向自助型转为综合化发展类型，社区一步一步走上作为城市复兴主体的道路。

6. 社区为主体的城市复兴

20 世纪 90 年代后期，新工党上台，进一步使社区成为城市复兴的合法一员，成为新型伙伴关系中重要的一分子，强调以社区为主体的复兴，工党首相布托尼·布莱尔曾说："除非社区全面复兴并参与复兴的塑造和完成，要不然最好的计划也不能在实践中实现。"① 他对社区治理提出了新的形式，明确指出对公民身份、权利、责任的认识是复兴城市经济的首要前提。

1999 年，工党政府公布了一份"城市白皮书"（Urban White Paper）。白皮书指出了前 20 年城市遭受的贫乏无效的管理、不适当的公共服务、不可持续投资发展的现象，覆盖城市、城镇以及郊区的大部分居民，而非少数人，提供高质量的生活和机遇，塑造他们自己的社区，提供高质量的社会服务，为社区居民的生活以及进行商业活动提供一个有保障的环境。从某种意义上说这份白皮书也是一份以人为出发点的计划书。在这样的指导思想下，如今的城市复兴不同于以往，更注重社会的可持续发展，社区在城市复兴中的主体地位也逐渐被奠定了。

在"城市白皮书"的指导下，工党政府前前后后还出台了一系列以社区为主体的相关政策，"社区新政"（New Deal for Communities）和"邻里复兴的国家政策"（National Strategy for Neighborhood Renewal）是最主要的两个策略，同时也是社区发展由以地区为基础发展到全国性策略的一个过程。

1998 年"社区新政"正式启动，"以地区为基础的项目"（Area－Based Programmes）居于主要的地位，包含两个以地区为基础的具体实施项目——"卫生行动区"和"教育行动区"，两个项目主要的共同点是以地区为主，意在减少卫生和教育水平的不均衡，通过与地方政府部门、私人部门以及社区建立伙伴关系并共同开展工作，在接下来的十年时间，这一地区性的项目变得十分普遍

---

① Social Exclusive Unit. National Strategy for Neighbourhood Renewal：A Framework for Consultation. London：The Cabinet Office，2000，p5.

与显著，失业与贫困问题、健康改善问题、犯罪处理问题、教育收入提高问题、住房和物质环境的改善问题都得到了一定程度的解决。由此可以看出，工党时期的项目具有更大的包容性，受益居民的范围更加广泛，社区的力量也明显在这一发展过程中变强，社会责任感和政策决策能力得到强化。但是这些政策主要还是以地区为基础，是具有地域性的主动行为，还没有真正形成全国范围的策略。

2001 年，"邻里复兴的国家政策"正式出台，由英国国家部门"社会排斥部"实施，把社区"邻里"（Neighborhood）作为复兴的单位，总共组建了 18 个政策行动小组，每个小组由中央和地方政府的代表、私有部门、独立的政策专家、志愿者部门和社区部门组建而成，小组成员有着不同的背景，但拥有相同的行动目标。"邻里复兴的国家政策"中有两个典型的以社区为主体的行动方案，一个是名叫"邻里管理"（Neighborhood Management）行动方案，为改进地方邻里公共服务的水平，培养社区能力，将地方组织、社区和社区服务供应者通过新型伙伴关系进行结合；另一个是"邻里联防"（Neighborhood Warden）行动方案，主要是在公共地区、居住地、城市中心和犯罪率高的地方提供一种非常显著的、正式的、半官方的社区监管形式。[①] 一系列的行动方案，公共、私人、志愿者和社区部门进行横向平等的联合，中央政府、地方、行政区和邻里的纵向机制同样也建立起来，社区的主体地位已经非常明确了。工党的邻里复兴政策被认为是一个长期的、广泛的、主流服务政策引导的、能够统率全局的国家策略，解决了当时英国的一些社会问

---

① Jessica Jacobson, Ether Saville. Neighborhood Warden Schemes: An Overview, Polocing and Reducing Crime Reduction Research Series Paper 2, 1999, p5.

题，促使社会在社区复兴的基础上进入了一个良性的发展轨道，并且具有良好的、长远的发展愿景。

5.2　英国经验对中国的启示

历史上，英国的社区发展和城市复兴息息相关。从早期教会形式的社会救助，社区雏形中的社会公共服务的出现，社区运动的兴起到"社区发展项目"的问世，直至目前社区在城市复兴中作为主体单元，推动着城市多元化的发展和进步，政府也是从无暇顾及社区的发展到重视社区的建设，最后从国家高度提出邻里复兴，建立了新型伙伴关系——公共部门、私人部门、志愿者和社区的广泛性联盟，国家、地方与邻里三个层级通畅合作，为了同一目标消除隔阂，调节各方的利益冲突，完成城市复兴，同时实现了城市化进程由物质建设顺利向人文建设的过度。英国社区的发展由分散到综合、单一到多元的模式，对我国目前新型城镇化进程中的社区建设有如下几方面的借鉴意义。

1. 社区发展由被动转为主动

英国城市化初期的社会救助以及慈善组织，是一种被动地救济贫民的公共救济模式，然后出现的"社区睦邻运动"仅仅是社会应急的手段，没有形成一股有组织的力量，辐射效果也不是非常明显，这样的社区发展是一种被动式的发展。再到后来经历过两次世界大战，城市重新被"洗牌"，政府不能全面体现社会公共服务和社会关怀，社区的发展在一定程度上得到政府重视，随着社区运动的兴起和"社区发展项目"的启动，乃至撒切尔夫人政府的"以社区为基础的经济发展"，都只是停留在地方政府层面，实施部门之间的协调和利益关切都没有得到很好的解决，致使社区发展又一次跌进谷底。直到最后社区参与的城市复兴和以社区为主体的城市复兴才体现出社区发展的主动性，社区在新型合作伙伴关系中有一席之地和话语权，实践也证明以社区为主体的城市化建设是有成效的。

中国的城镇化速度远远快于英国城市化，但是没有时间的沉淀，中国的城镇化进程远远滞后于工业化进程，工业化带动经济强势复苏之后，才出现了与城市社会相关的问题和挑战，因此我国社区的发展起初还是较为被动，社区的建设却尤为重要，社区应当作为城市主体融入城镇化发展，在相互促进的前提下，与新型城镇化进程共同发展，不能落后于工业化的进程，全面争取社会的稳定和经济的发展双丰收。而对于我国城镇居民而言，在最初的社会管理体制下被动接受社区建设，到如今新型城镇化的全面落实，"人的城镇化"实现在社区维度的"人的社区化"，这需要社区创建有效参与机制，使城镇居民可以主动参与社区建设。

2. 明确认识政府在社区建设中的作用和职能

纵观英国四百多年社区建设的历程，政府的作用可以说是决定性的。从最开始的《济贫法》由女王颁布，到后续社区活动的兴起，引起了地方政府的重视，在地方政府主导下的"社区发展项目"和"以社区为基础的经济发展"应运而生，但仅限于地方政府，有它的局限性，社区的发展只是城市复兴的附属部分，没能够在社会主流中占据一席之地。最后直到在中央政府部门的引领下，结合多方面力量，推出以社区参与和作为主体的城市复兴政策，才真正解决了英国城市化发展，也证明了城市化发展不仅是需要经济复兴，更需要社区的复兴。

英国政府在这么多年的发展历程中，也在不断从前一届政府的经验中学习提升，政府的主要作用也是从政策的主导者转变为政策制定的协调者，不断加强中央政府在社区发展中的积极作用。今天，政府主要负责协调新型伙伴关系中各个主体的关系，监督公共部门、私人部门、志愿者、社区之间的合作，为公共利益和社区利益争取财力支援，利用尽可能多的社会资源为社区参与城市化发展以及居民社会公共服务的享用创造机会和条件。英国政府的主要职能也就是制定相关法律保障措施，监督各方新型合作伙伴中的主体，主要是民间团体和私营机构，并对社区服务进行财政方面的支持，监督下拨经费和福利措施的执行，保证专款专用，指定专人进行跟踪检查。

中国社区建设起步较晚，落后于工业发展和经济发展，社会组织团体和私人机构服务于社区的还非常少，政府在社区建设中更多的是支持社区公共设施的建设，对社区参与以及多元化发展的支持较少，中央政府对社区建设在城镇化进程中的定位还不高，也没有给予足够的重视，特别是目前处于城镇化程度过半、经济结构深度转型的时代，社区的积极参与会促进新型城镇化走向一条包容性、综合性、持续性的光明大道，社区的发展也可为我国现阶段解决许多社会矛盾。社区的完善是城镇化发展的基石，城镇化也必然促进我国经济增长，使物质更新转为社区更新，可为现代化经济社会发展打下坚实基础。我国政府在这一历程中的主导地位是不容置疑的，但同时也应该明确地培育社区居民的自治意识，增强社区自治能力，创造条件使政府由主导者向协调者的身份转换。

3. 社区服务体系的重要性

在英国社区的发展过程中，无论是早期运动活动的兴起，还是现代邻里运动的开展，一直都存在着各种形式的组织，在提供政府所不能提供的社会公共服务，从最初的教会组织，到后来的慈善组织，再到私人部门和民间团体组织，经过长期的沉淀，民众自治意识增强，社会组织的规模与影响力逐渐加大，越来越多的资源和力量注入社区服务体系的完善过程中，最后形成了英国的社区服务体系，它是基于政府出资举办的一些服务组织，包括一些政府出资的社会组织和民间团体举办的非营利性的服务机构，还有一些是来自私人部门的具有商业营利性质的服务机构。这么多类型的服务机构中，社区服务提供的主体还是社会组织和民间团体创建的非营利性组织机构，非营利性组织的重要性也就不言而喻了。英国社区服务体系体现出政府和社会组织的结合以及专业组织和自愿组织的合作，在目标与行动方案协调一致的前提下，服务供给的有效性与服务过程的效率性得到提高。

现阶段中国社区的服务提供者中已经开始出现非营利性组织，也能在一些地方看到志愿者提供的社会公共服务，但是数量和力度都还是很有限，特别是在我国大量流动人口存在的地区，"村转社"人员的生活权益、所在社区的整体利益，都无法充分地反映给社区管理层和上一级政府组织，社区建设工作的组织和推动缺乏动力，社区服务体系不完善，服务项目的权责没有很好地明确。因此我国可以在某些方面学习英国，强调非营利性组织在社区发展中的必要性，这些组织成员大多来源于社区，和社区的居民有一种自然的联系，能够及时了解并满足居民所提出的需求，并且社会的参与度非常广泛，有助于降低政府专门机构提供社区服务的成本，提高社会公共服务的效率。

5.3　美国城市化进程中的社区建设

5.3.1　美国城市化发展进程分析

美国自从建国后，国家的人口一直是由农村搬迁到城市，从小城镇流动到大城市，城市化的进程一直伴随着这个国家的发展，直至今日。美国的城市化起步于 18 世纪 90 年代，当时美国的工业水平比较低下，城市数量较少，城市面积与规模都比较小。1790 年美国联邦政府首次进行的人口调查显示，当时的农业人口几乎占到国家总人口数量的 95%。"工业革命"的高潮传送到美国，工业化的发展推动着产业的快速进步，大量的农业人口开始聚集在大西洋沿岸主要是以商业贸易为主的波士顿（Boston）、费城（Philadelphia）、纽约（New York）以及五大湖连通区域的城市，美国的城市化也经历了第一个小高潮，1830 年前后的城市化率达到了 10%。1830～1930 年，美国的城市化率节奏明显加快，主要原因还是两次"工业革命"对工业化发展的促进，需要更多的高素质人才，促使农业人口甚至外来移民向城市集中，这为美国产业发展提供了劳动力和知识技术的支撑。这个 100 年的时间，居住在城市的人口数量几乎增长了 6 倍，并且在 1920 年，美国的城市人口比例达到了全国人口的 51.2%，超过了一半，城市化基本实现，城市化的进程也由此进入了一个新的发展阶段。1930 年之后的 10 年时间里，人口流入城市的速度有所减缓，1950 年前后，美国政府对大量国际移民的迁入秉承包容的政策，城镇化人口的数量直线稳步上升，2005 年美国城市人口占总人口的比例达到了80.8%，并且基本稳定地保持至今（如图5-1所示）。[①]

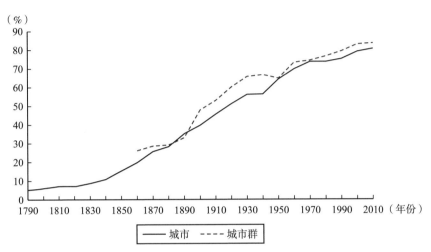

图5-1　美国城市和城市群区域人口数量（1790～2010年）

注：城市定义为居住人口2500人以上，大城市群定义为由人口普查局定义的地理单元，包括一个或者多个的城市，有一个足够大的中心城市所锚定。

资料来源：L. P. Boustan, D. Bunten and O. Hearey. Urbanization in the United States, 1800 - 2000. Working Paper, 2013.

　　美国的市场经济发展在全世界取得了举世瞩目的成就，在城市化的进程中，不仅是政府，市场本身也发挥了关键的作用，劳动力（特别是国际劳动力）、资本、自然资源等生产要素在市场中流动顺畅，发挥着积极的促进作用。从国际移民的流动来看美国的城市化进程，19世纪50年代（如图5-1所示）美国城市人口有一个非常明显的增长过程，这个时间段正式大量的国际移民迁入美国，从欧洲的法国、英国、德国移民来的一些技术工人和受过高等教育的专

[①]　新玉言. 新型城镇化：比较研究与经验启示 [M]. 北京：国家行政学院出版社，2013.

业人员占据总移民人数的一半，为美国的工业化和城市化发展带来了人力资本、科学技术、知识成果和物质资本等。工业部门中的采掘业、电力、运输和冶炼业取得长足发展，并逐渐对接市场，推向市场，各项领域的技术得到不同程度的提高并趋于成熟，使得农村地区提高了生产效率，农村和城市以及城市和城市之间的经济交流更加频繁，人口的流动和转移加快。

自20世纪初以来，城市一直在扩张，甚至城市的边界都鲜有确定下来的。城市的扩张和高速发展，甚至超过了政府在城市贫困区域提供干净的水源、有效的垃圾收集和污水处理系统的能力范围，城市的基础设施、公共服务的情况都在恶化，城市也变为一个巨大的、拥挤的、没有人情味的地方，只是资本家赚钱的地方。特别是在建筑行业，城市政府的运行和城市公共服务的供给都受到腐败的侵蚀，城市高昂的租金、较低的工资以及不健全的公共服务，给新进城市和农转城的居民也带来了不少的痛苦。但是经历过20世纪30年代末的"新政"（New Deal）和20世纪60年代的"贫困战争"（War on Poverty），城市问题的改革措施明显起到积极促进的作用，最重要的是通过地方改革运动，城市中一些腐败官员被投票赶下台，取而代之的都是一些真正意义上的改革者，为城市居民着想、谋利的领导者。

工业化和城市化并进的过程中，美国政府重视发挥地方政府的自主性和独立性，联邦政府对于城市的规划和管理等事项的调控很有限，更多是地方政府根据各自实际情况自主决定。美国联邦政府和地方政府在事权和税权划分中，地方政府拥有独立的税收立法权，因此可以独立地确定税种、税目、税率以及税收减免优惠等。当前美国地方政府开征的主体税种包括财产税、地方销售和使用税、所得税以及其他收费项目,[①] 并且通过这些收入支持当地的地方性公共服务。

5.3.2 美国社区发展[②]分析

美国社区的建立与发展在某种程度上是受到英国的启示,1884年世界上第一座"睦邻中心"建立在英国伦敦东区的贫民窟区,名为"汤恩比馆",美国的一些社会工作者前往英国参观完"汤恩比馆"后回到美国,1886 年建立了美国第一个社区中心。

李东泉 (2013) 根据美国不同发展历史时期的侧重点,指出美国社区的发展分为三个阶段:(1) 进步时代,以救助城市穷人为目的的民间自发阶段;(2) 约翰逊时代,以反贫困为主要目标的大发展阶段;(3) 克林顿时代,以振兴地方经济为主要目的的再发展阶段。

第一阶段是侧重救助城市穷人的民间自发阶段。美国建立社区最初的目的便是解决工业革命以来,伴随人口在 19 世纪 30 年代的急速增长而出现的社会不公平现象以及贫富差距的日趋增大,并由此引起的社会不稳定,因此对贫苦并长期处于社会中下层的居民进行救助,是当时候社会生活迫在眉睫的需要。这一个阶段救助穷人还有一个很重要的特征便是以民间自发组织为载体,正如前文提到的,美国的社会工作者通过对英国的考察,学习英国的"睦邻中心"模式,结合美国社会的实际情况,帮助新进城市居民和新移民

---

① 汤宪达. 新型城镇化下的财政收支结构及其优化策略研究 [M]. 北京:经济科学出版社, 2017.

② 国外的学者对于社区更多的提法是"社区发展"(Community Development),中国使用更多的提法是"社区建设"(Community Building)。

人员尽快适应城市生活，融入城市的新环境，民间自发组织主要通过一些社区服务，如成年人教育（特别是英语课程）、日托中心、图书馆和休闲设施等①帮助到大量由于工业革命失地的农民和移民进入美国的贫苦欧洲农民。

睦邻中心运动以及大量民间组织参与的社区服务使得社区发展较为迅速并日益普及，这不仅提高了新进城市居民的社会福利以及帮助他们一起面对贫困，还对当时候社会问题的解决以及推进社会的进步做出了巨大的贡献。

第二阶段是全面反贫困的大发展阶段。经过社会工作者多年的实践，经过睦邻运动的推广，社会科学也取得了长足的进步，社区发展的概念和相关理论都得到了丰富，为第二阶段的大发展夯实了理论基础。20世纪30年代的大萧条，使美国政府遇到了前所未有的困难，正当此时，富兰克林·罗斯福成功当选美国总统，在联邦政府层面实行的"新政"（New Deal），罗斯福的新政包含了一系列非常广泛的改革措施，既有远见卓识，又有实际操作意义，这些措施为社会项目指明了出路，为社区发展带来了历史性的变化。主要的变化有以下三点：（1）新政使得社区发展上升到联邦政府层面；（2）通过联邦政府的干预，社区发展建立了制度基础；（3）新政支持的社区发展是全面的，但是自上而下的。在当时罗斯福的新政看起来，似乎是创造的一个新的机构能够解决每一个社会问题。

世界大战带给美国城市很大的变化，在战争期间某些工业岗位的需求有所增强，开始接受非洲裔美国人和其他少数族裔人的迁移，美国的人口数量在世界大战后也有一个明显的上升期，但是，白人社区、房地产政策和联邦政府政策中存在的种族主义，以及陆

---

① 徐永祥. 社区发展论 [M]. 武汉：华东理工大学出版社，2006：2－5.

续进入美国城市中收入相对较低的黑人居民数量不断增加，致使黑人不断地陷入种族隔离中。在一些大城市中，居民甚至开始暴乱并猛烈攻击黑人群体，阻止他们进入社区。20世纪50年代，美国社会经济得到快速的发展，并于60年代总体上进入富裕社会的发展新时期。这段时期的政府领导者只是关注一系列日益严重的经济问题，很少考虑社会层面的问题，甚至把贫民窟的清理看成是城市经济问题的一种补救措施。这个时期不重视社会问题的解决，直接造成了美国社会的种族主义泛滥，造成非洲裔或其他少数裔不能更好融入美国城市生活的困境。

1961年，福特基金会（Ford Foundation）的官员保罗·伊尔维萨克（Paul Ylvisaker）在波士顿、奥克兰、纽黑文市、费城和华盛顿特区启动了一个"灰色地带项目"（Gray Areas Programs），意在改革社会服务的传递机制，以此通过一种创新的方式对接低收入少数族裔社区居民的需求，从而缩小贫富差距。尽管这个项目最终没有成功，但是得出的经验是：在综合社区的发展中，非营利性组织或机构是项目顺利开展的"发动机"。

面对贫富差距的持续加大和社会矛盾的日益凸显，肯尼迪总统在被刺杀的前几日批准了一个实验项目，发动了对美国贫困的"攻击"。林登·约翰逊（Lyndon B. Johnson）当选总统后不久，加强了对贫困的治理，宣称不是对贫困的"攻击"，而是一场对贫困的"全面战争"。1964年8月，美国国会通过《经济机会法案》（Economic Opportunity Act），约翰逊总统任命萨金特·施莱弗（Sargent Shriver）担任这个雄心勃勃的计划的负责人。反贫困运动在约翰逊总统的推动下走向高潮，成为一场全国范围内的运动。这一时期，反贫困运动和社区发展有机结合，社区发展的改革措施主要包括综合社区行动计划（Comprehensive Community Action Program）、模范城市（Model Cities）。综合社区行动计划是想从根本上消除贫困，通过社区提供"健康、教育、营养学、社会和其他的服务"向低收入家庭及其儿童提供食品券，为就读大学有困难的学生提供继续升学计划，以及改善儿童营养工程等。而模范城市的基础概念就是在不同区域实施不同的项目和方法，实现贫民窟社区和低收入居民脱贫。约翰逊总统时期开启了全面反贫困的大发展阶段。

从第一阶段的社会活动家自发组织，经第二阶段的大发展到20世纪60年代的全国范围的运动，社区发展贯穿美国社会的发展历程，最重要的意义便是在这个阶段社区发展成为制度化的国家政策。

第三阶段是克林顿时代以振兴地方经济为主要目的的再发展阶段。克林顿当选总统之时，美国经济已经明显出现下滑的态势，几乎步入一个低谷阶段。另外，约翰逊总统之后、克林顿总统之前的几届政府，削减了联邦政府对社区发展的支持，削减了对贫穷社区的支持，克林顿总统上台之后，结合美国经济发展策略，大力提倡振兴地方经济，对社区的发展也是考虑主要从社区经济发展着手。

克林顿所提出的政策使美国取得了长足的进步，社区也由此成为城市政治经济领域一个不可或缺的重要组成部分，社会发展由此进入了一个历史性的新时期。现如今的社区发展公司也是得益于这一时期的理念，同时造就了包含众多参与者、战略、政策工具和全国性的社区发展系统。

5.4 美国经验对中国的启示

（1）美国社区形成的最初阶段，是由以民间社会活动家为主的一部分居民群体发起的，形成一定规模和影响力之后，联邦政府参与社区发展的规划与支持，形成从上至下的发展模式，这就提升了社区在社会经济活动中的地位，将社区发展和社会、国家的发展结合起来。中国社区形成之前是一种单位制的社会管理体系，社区的形成、发展和塑造基本都是从上而下的模式，从某种意义上说，居民对社区参与的意识和参与程度都受到一定影响。

（2）从美国社区发展的历程看来，社区在对抗贫困方面发挥着长期作用，重点关爱弱势群体，鼓励贫困群体通过相关社区项目自我发展和自我增值，社区在缩小社会差距、解决贫穷问题、改变居民生活环境等问题上都有积极的作用，甚至在一定程度上可以改变居民的经济、文化状况。从本质上说，社区是政府协调社会经济发展的重要平台和手段，社区的发展同时也需要政府统筹推动和实现，完全由社区自发组织或者完全由政府单方面的力量来实现社区的发展是不现实的，美国的社区发展就是在社会活动家和联邦政府的共同努力下创造了今日的美好时光。

（3）从前面叙述分析看来，美国联邦政府对社区发展更多时候是出台一些指导性政策，财政有目的、有计划地支持社区发展项目，社区事务的实施更多的是依赖社区组织、民间团体，并且由这些组织团体承担具体社区发展项目实施的责任。美国从 20 世纪 60 年代起，社区发展相关事务就由以"社区发展公司"为代表的各种社区组织来承担，它们属于非政府组织，前期依赖政府拨款的项目，后期在政府援助大幅减少的情况下，则是自己寻找各种资金来源。[①] 但是政府在这个进程中也有着不可替代的作用，政府为社区项目提供的资金，不仅惠及了居民百姓，还鼓励了社会私人资金流

---

① 李东泉. 美国的社区发展历程及经验 [J]. 城市问题，2013.

入社区，促进越来越多的社会组织参与社区发展，但是同时我们也看到，美国政府并不直接干预社区发展的具体事务，这些事务主要是由非政府组织承担。

（4）国家在不同的发展阶段，需要面对的社会问题也不尽相同，社区发展的政策需要根据具体需求而及时调整。美国在各个发展阶段采取了不同的政策。工业革命结束之后，城市人口以及移民人口持续增加，社会的贫富差距不断加大，各届政府在不同的发展阶段都有着政策的侧重点，罗斯福新政主要考虑如何减小城乡之间的差距，尔后约翰逊政府对贫困全面宣战，最后是克林顿政府制定的社区经济发展政策，各个阶段都对社区发展提出了相应的、适合社会经济发展需要的政策，并且这些社区发展政策都强调居民的参与，强调政府共同参与，还对居民进行认知教育，这些经验也是社区发展最终成功的要领。目前，中国特色社会主义进入新时代，党和政府正带领全国人民向第二个百年目标前进，社区建设需要逐步培育一定的社会组织承担社区事务，特别是社区服务相关事务的责任，更理想的是二三线城市所有社区能够最大限度吸引居民参与，帮助居民安居乐业，全身心融入城市生活，最大限度帮助"村转社"居民更快融入城市社会，实现"人的城镇化"。

第6章

二三线城市社区建设的路径研究

伴随我国经济、社会结构的转型和管理体制的转轨，基层社会的管理需要不断适应时代的发展，社区建设目前是地方政府日常工作的重要部分，也是促进我国城市管理进行深层改革的重要条件，强调以人为本的关怀，提倡变管理为服务，顺利完成单位制、街居制到社区制的转变，积极解决政府转型、城市发展过程中产生的社会矛盾，主动对接单位制解体后居民日常生活中功能性的需求，开拓社区管理主体的多元化，完善社区自治功能以及专业化社区服务和相关社会组织的共同参与，对党和国家维护社会稳定、增强人民生活幸福感与获得感有着重要的意义，在更广阔的二三线城市，更多百姓即将走进城市生活，社区建设更将为我国社会稳定夯实基础。

在进行理论基础研究、社区建设实证研究以及英美等国城镇化进程中社区发展的探讨解析之后，本章将要对新型城镇化下二三线城市中社区建设路径进行探索，着重分析如何使公共产品或服务成为社区建设的抓手，并依照第3章阐述分析的公共产品理论、公共选择理论和社会融合理论这一发展主线，一方面厘清社区治理各主体在社区建设中对公共产品供给侧的定位，同时就社区居民（特别是"村转社"居民）对公共产品或服务探索一个需求侧的社区维度的方案，并最终促进"自上而下"与"由下而上"的对接，实现城镇人口在社区层面的融合，达到社会的整体融合，从而体现新型城镇化要求的"人的城镇化"这一核心思想；另一方面，进一步论述新型城镇化要求社区建设"上下合作"的重要性以及其对于实现"人的城镇化"的必要性。

6.1　社区建设的"自上而下"

几十年来，我国城市社会管理一直落后于经济建设的步伐，对城市基层的管理沿用传统的"二级政府、三级管理"（即区政府、街道办事处和居民委员会）的垂直型科层式的社区管理模式，这一特点在二三线城市更为明显，政府作为城市社区的管理者，制定社区发展规划和管理政策，为社区提供建设经费和相关资源，下达社区管理的指令和任务，检查和考核居民委员会的工作绩效，社区建设的主体也是比较单一的政府领导下的城市居委会。随着市场经济体制的完善，政府不断从管理型向服务型转变，社区建设也就更倾向于发挥社区居委会的自治功能，加强政府和社区之间的上下互动，社区管理的主体由单一走向多元化，社区建设也由"自上而下"向"上下结合"转变。

6.1.1　社区建设的主体

社区建设的主体主要包括社区外主体和社区内主体两部门。社区外主体主要指市政府、区政府和街道办事处，其中街道办事处在城市社区建设中起到直接指导社区的作用。社区内主体主要有社区党组织、社区服务站、社区居委会、物业管理公司以及其他社区组织、业主委员会、社区民间组织和社区居民等。

1. 社区党组织

我国目前正处于社会转型阶段，社会建设面临着诸多问题：第一是民稳问题，即在单位制解体后，社会管理主体明显缺失，甚至存在真空等问题，如何实现民众稳定、安居乐业就成为一个急需解决的问题；第二是民生问题，即日益改善的经济条件，使得居民公共需求相应增长，造成公共服务或产品的供给不足或不匹配问题。面对这些情况和问题，党和国家逐步形成了通过社区来整合社会的中国城市社区建设道路，在制度设计上，形成了独特的中国共产党领导城市社区建设、社区党组织整合社区内各种力量的发展道路，从思想上、决策上和组织保障上加强对社区自治组织和相关组织的领导，发挥党员在社区建设中的先锋模范作用，联系并团结社区群众加入社区建设，支持和保证社区内的居民自治组织能够依法履行自治的相关职责。

2. 社区服务站

社区服务站是政府实现社区服务的一个平台，也有地方称之为社区服务中心，是在街道办事处领导下，协助当地政府及其职能部门在社区开展综合管理、安全、法制、健康、人口计生、社会保障和社会事务、文化、环境卫生和环境保护、调解等事务，总之是为社区的居民群众提供服务。同时，社区服务站接受本社区居民委员会的监督，听取居民委员会的建议和反映的意见，配合居民委员会依法实施居民自治，支持社区内的其他组织开展各项社区服务工作。

从第4章的叙述中我们已经发现，受访对象在被问到"社区服务站或社区工作站对您的城镇生活有帮助"这一问题时，有49%的受访居民表示"比较不同意"，9%表示"非常不同意"（见表4-16），社区服务站这一组织在二三线城市中总体上任重道远，以人为核心的城镇化发展需要以人为中心的社区服务进行支持，需要促使居民对城市生活产生依赖性。

3. 社区居民委员会

根据我国居民委员会组织法的规定，社区居民委员会这一组织是居民自我管理、自我教育、自我服务的基层群众性自治组织，主要职责和任务是宣传宪法、法律、法规和国家的政策，维护居民的合法权益，教育居民履行依法应尽的义务、爱护公共财产，开展多种形式的社会主义精神文明建设活动；协助办理本居住社区居民的公共事务和公益事业；调解民间纠纷；做好生活安全、社会治安宣传；协助人民政府或者它的派出机关做好与居民利益有关的工作；向人民政府或者它的派出机关反映居民意见、要求和提出建议；开展便民利民的社区服务活动，可以兴办有关的服务事业。

由此可以看出，社区居民委员会是一个"承上启下"的群众性自治组织，既要宣传政府的政策法规等，也要代表居民向政府反映相关意见和建议，但更重要的，社区居民委员会需要协助本居住地区居民办理公共事务和开展公益事业，以及组织便民利民的社区服务活动。作为一个自治组织，社区居民委员会可以更加灵活地、准确地提供居民需要的服务，这一职责和任务对于居委会来说其实非常重要。

4. 业主委员会

业主委员会一般存在于实行物业管理的住宅区内，主要是指以商品房为主的社区，由各商品房的业主代表组成业主委员会，业主代表也是经过业主大会选举产生的，其体现业主们的意愿，对住宅区内的重大物业事项拥有决定权，是维护业主合法权益的有效组织。

5. 社区组织

社区组织主要是指那些能够为社区提供资源，满足本社区居民的基本需求，延伸政府或企事业单位转移、剥离出来的某些服务职能和社会职能，能够起到缓解社会冲突的团体。

我国城镇化进程中房地产行业迅速发展，很多城市社区都存在商品房小区，这些小区都是实行专业的物业管理，因此物业管理这一社区组织载体与社区建设发展有着更加密切的关系，商品房小区的物业公司既是物业服务的提供者，也是社区事务的辅助管理者，因此，物业公司在社区建设所发挥的作用值得更多的关注。

另外，社区社会组织大致可以分为三类。第一类是群众自发组织的文体、文娱性质的社会团体，如舞蹈队、秧歌队、书画小组、合唱团等；第二类是党组织领导下的协会性质组织，如老年人协会、残疾人协会等；第三类就是志愿者组织，有些是党组织或居委会倡导成立的志愿者队伍，还有些是自发组织的民间社会志愿者队伍，但是在本研究走访调研的几个城市中，这类社区社会组织数量非常少，或者说发展水平还比较落后。

社区社会组织不仅在社区协助政府管理社会事务，弥补政府对公共服务管理职能的不足，还活跃了社区生活氛围，丰富了居民的生活，宣扬了社区的文化，促进了邻里间的互动交流，增强了社区凝聚力，其开展的各项活动有利于居民自治意识的增强，特别是最终提高社区居民的认同感和归属感，但是从实际情况看，现有的社区组织中缺乏专业人员，服务的专业性不强，范围也很狭窄，受众群体少，组织发展的经费匮乏，对整体社区的发展影响力目前看来非常有限。

6. 社区居民

社区居民是整个社区建设的核心，是实现"人的城镇化"的核心。居民们既是社区建设的推动者，又是社区工作的监督者和评议者；既是社区活动的参与者，又是社区服务的受益者。所以，广泛的居民参与是社区建设或社区服务顺畅开展的基础，但是社区居民参与程度在不同社区有不同的表现，如何评定或者说如何能够促使居民更广泛、更有效地参与社区建设，目前还没有较好的措施，较好的方式"由下向上"表达居民对公共服务需求的实际意愿。

6.1.2 社区主体的功能呈现整体弱化的特征

1. 党组织

在现有城镇社区中，社区党组织应该是社区工作开展的主要组织，党的基层组织本应该就是服务群众、凝聚人心的先锋，但是社区主任和党支部书记一般由一人兼任，在日常工作中，更多倾向于行政事务，对上级政府负责。一方面，社区党组织是完成上级党组织要求在社区开展党建的相关工作，强化百姓精神文明方面的建设，这样直接造成社区内党员工作者没有时间和精力了解居民真正的需求，并根据需求提供社区服务，而只是在完成上级委派的、由党员带头的社区文化活动，大多数百姓参加也都是一次性的，收效甚微。另一方面，社区党组织中的党员需要花费很多时间去解释和劝导居民，执行社区相关管理的规定，造成效率较低。城镇中不少居民存在以自我为中心的意识，对于相关的规定不以为然，本次调研的常德市社区，老党员为了90元/每年的卫生服务费要对某些居民进行多次开导，因为居民不愿意缴纳社区统一提供的生活垃圾归类回收的服务费用，这样的事情也造成党员们无法有效率地开展社区服务工作。

2. 居委会和社区服务站

目前来看，这两个主体还是"一套人马，两块牌子"，一般由社区居委会主任兼任社区服务站站长一职。在调研访谈中了解到，社区服务站或者工作站，其有将近80%的工作内容是政府安排部署的，20%左右的工作才是社区真正意义上的服务工作，这也基本上是所有社区负责人的共识——"上面千条线，下面一根针"，社区承担的行政事务性工作很多，还不能够以自治为由拒绝上级政府职能部门下派的工作任务。

"我们都是被动的，就拿前些日子的一件事情举例，银行因为放出太多坏账，现阶段收不回，通过我们上级部门责令我们社区协助找到欠账人员，这种事情和我们八竿子打不着啊，但是也必须要去完成，因为是上级命令下来的。"

（常德市某社区主任访谈实录，2017年5月）

对于社区居委会这些面临的情况，在本次问卷调查中得到印证，其自治和服务的功能还没有得到有效发挥，如表6－1所示，受访居民中有超过50%的居民对社区居委会不太了解和非常不了解，在某种程度上表明社区居民对社区居委会认识上的模糊，还说明二三线城市的社区居民委员会与社区居民还比较疏远，居民委员会在百姓的生活中影响甚微。

表6－1　　　　　　　　居民对社区居委会工作情况的认识

Q：您是否了解本社区居民委员会的工作情况		"村转社"居民占比（%）	"非村转社"居民占比（%）
有效问卷	非常不了解	6	2
	不太了解	32	14
	一般	21	13
	比较了解	5	6
	非常了解	0	1

资料来源：调查问卷分析所得。

3. 业主委员会

在本次问卷调查中，15%的受访居民选择"不知道或没有业主委员会"，9%的受访居民对业主委员会"非常不满意"，45%的受访居民表示"一般"，这其中肯定还包括并不太了解业主委员会的部分居民。由此总体说来，业主委员会在当前的社区体系中存在缺位，这其中有一部分是由小区的特征所决定，非商品房小区的居民对于业委会的组建可能并不在意，但是数据同样说明了居民对业委会目前的运转情况存在一定程度的不满，"非常满意"和"满意"两个选项的居民只占到总体受访居民的44%，如表6－2所示，居民对能够表达自身利益诉求、寻求帮助的自治组织翘首以盼。

表6－2　　　　　　　　居民对社区内业主委员会的认识

Q：您是否了解或满意所在社区的业主委员会		"村转社"居民占比（%）	"非村转社"居民占比（%）
有效问卷	非常满意	4	2
	满意	17	11
	一般	28	17
	非常不满意	3	3
	不知道或没有业主委员会	12	3

资料来源：调查问卷分析所得。

4. 物业公司和社会组织

物业管理公司其实是受业主所托，按照物业服务合同约定以及相关国家法律法规，对地上永久性建筑物、附属设备、各项设施及相关场地和周围环境的专业化管理机构，物业公司的性质其实就决定了其具有服务性，因为物业公司不生产"有形"产品，主要职能就是对物业进行管理和对业主提供多种服务。在我国房产行业蓬勃发展的几十多年中，越来越多的楼盘拔地而起，一个个小区在社区中诞生，小区的物业公司也是伴随着这一变化出现在百姓的日常生活之中，小区的居民对物业管理公司也不会排斥，对这种有偿性服务还是能够接受的，但是二三线城市存在老住宅区或者混合社区，居民们已经习惯了不花钱、有人管的这一传统，对于请物业管理公司来管理自己的生活环境，还得花钱购买服务，百姓们一时还难以接受，都不愿意引进物业管理。这和我国现阶段二三线城市百姓的社会意识缺乏密不可分，不愿意引进物业管理或是不愿意为物业管理缴纳物业费，就相当于自己想要"免费搭车"，同一小区的其他住户购买了物业公司的物业服务，自己却不愿意通过购买得来。

结合本次问卷调查的数据可以看出，"村转社"受访的居民中，只有将近35%①的"村转社"居民能够满意或非常满意物业公司所提供的服务（如表6-3所示），30%所有受访居民选择了非常不满意以及不知道或不存在物业管理公司，差不多达到受访者所有人数的1/3，由此可见，物业公司的各项职能还是没有比较理想地实现于日常服务中，物业公司在社区的体系中还有较大的提升空间。

表6-3 居民对社区物业管理公司的认识

Q：您是否了解或满意所在小区的物业管理公司提供的服务		"村转社"居民占比（%）	"非村转社"居民占比（%）
有效问卷	非常满意	6	2
	满意	16	10
	一般	23	13
	非常不满意	7	4
	不知道或不存在物业管理公司	12	7

资料来源：调查问卷分析所得。

---

① 由本书表5-3中的6%＋16%/64%得到。

　　社区建设的另一个主体是社会组织或者说非政府组织，社会组织真正的功能是成为满足社区成员需求的重要途径。前文已经介绍了社会组织团体的三种类型，一些群众自发性的、党组织带领下的协会性质的组织的确已经存在于二三线城市的社区，但流于形式的以及一次性的社区活动较多，没有参与的连续性，不容易带动居民的参与积极性，更不要说社会组织填补或补充社区提供的各项服务，群众因为共同兴趣爱好或利益诉求而发起成立的社会组织就几乎看不到了。从第5章的分析中可以得出，国外城市社区中的非政府组织都是伴随着上百年的民众自主意识形成而产生的，是由群众主动发起契合当地居民的实际需求而产生的，政府部门只是进行监督并提供一定程度的支持，而我国的现状是政府主导社区建设，社区内各种组织具有官民二重性的特点，[①] 参与社区建设的社会组织没有体现出其草根性、社会性和公共性，并且主要集中于娱乐、文化和健身组织，社会组织的功能性出现严重失衡；老年人或离退休的党员或居民是各社会组织的主要成员，中青年或在职的职工干部居民较少；更多的社会组织由个别社会精英带头建立，其成员大多数情况下是被动的，社区居民的参与也是服从性质的，并不一定能够真正匹配百姓日益增长的对美好生活的需求。

6.1.3　社区建设的主体多元化路径

　　在第3章中就讨论过，新型城镇化进程要求社区建设完善公共产品或服务，本研究也是以公共产品或服务为主线。公共产品或服务的提供方或者说提供主体是供给侧重要的一个方面，新型城镇化

---

　　① 孙炳耀. 中国社会团体官民二重性问题［J］. 中国社会科学季刊，1994（6）.

发展过程中，社区服务对象增多、服务内容多元化、服务范围拓宽，单一的供给侧已经很难涵盖这些内容，并且在公共产品理论、公共选择理论发展这么多年后，可以说政府不再是公共产品或服务的唯一提供者已经形成了一个共识，在社区这一个层面，政府更应该全面考虑到社区中新进城市居民对服务的需求，以及随着生活水平提高而日益多样化的老城镇居民的需求，从供给侧出发，力求在社区实现公共产品或服务的多样化以及供给主体的多元化。

1. 现阶段坚持政府为主导的社区建设路径——路基

我国政府掌握着大部分的资源，社会资源也是通过政府"由上至下"进行分配调控的，因此在城市发展的过程中，行政权力也是衡量城市设置的主要因素，城市政府在对城市资源的配置中仍然是处于主导地位，如果纯粹借鉴西方的社区建设经验和社区自治模式，一定会带来"水土不服"。从第5章对英国和美国社区发展和建设过程的描述来看，发达国家城市社区组织是先由自己解决社会问题，后来才发展到政府介入社区建设，并逐步成为社区建设的主体，因此笔者认为，在社区建设的大方向上，不一定要按照西方国家的发展路径来规划，而是一定要结合我国的现阶段实际国情，必须要有中国的特色，也就是说在政府的积极推动下，通过政府的行政力量调配相应的资源，同时引导社区逐步产生自治的工作理念，并得以持续发展，使"由上而下"和"由下而上"能够衔接匹配。一味强调社区主导或是居民主导是不合理的，因此就社区建设起步以来的20年来说，政府主导的社区建设才是现实可行的，社区本身在政府主导下加强自身组织建设，加强居民自治意识培养，加强人文关怀的力度。

另外，从社区层面公共产品或服务的供给方面，大致上可以将社区建设分为三个阶段，即社区基础化建设阶段、社区组织化建设阶段和社区服务体系完善化建设阶段。社区基础化建设阶段指的是公共产品或服务在社区范围设施化的阶段，社区需要有一定的基础设施支持公共产品或服务的实施；社区组织化建设阶段指的是社区组织自身的建设和社区管理体制的改进阶段，公共产品或服务需要一个稳定的、高效的组织作为支撑，促使各项公共产品或服务能够落地惠及社区居民；社区服务体系化完善阶段，顾名思义就是实现社区服务均等化的最终目标阶段，也是公共服务实现精细化的阶段，这一阶段就充分体现出公共产品或服务在社区的非可分割性、非竞争性和非排他性，当然也还有根据社区居民实际需求产生的其他社区服务项目，这体现在产品或服务的精细化这一特点上。

从现实情况看，我国政府在推动社区建设过程中，对社区服务设施的投入力度比较大，政府相关财政投入逐年增加，社区基础建设得到长足的发展，整体标识的建立、道路翻修、公共卫生设施建设以及各项健身锻炼器材、相关活动场所等相继完善，尽管还有需要落实的问题，但是总体上来说，社区建设的设施化阶段取得的成果是值得肯定的。例如本次问卷调查的常德市，所有社区都在落实"三改四化"，① 社区标识统一化，目标就是要使全市的各个社区外观形成统一的标准。

谈到社区组织化，根据前文的分析看，当前社区建设中还是比较欠缺，各社区组织单位都没有充分发挥其功能，社区服务工作亦举步维艰，因此，根据我国现阶段实际情况，笔者建议坚持走政府主导社区自治的社区建设方式，待时机成熟后再逐步由社区自治主导社区建设。乍看起来这一论述好像是矛盾的，因为城市社区建设

---

① "三改四化"工程是从 2014 年起湖南省常德市基础设施领域十大工程之一，旨在提升城市的品质和品位，全面完成路改工作，并有序推进水改、棚改工作，同步推进美化、亮化、绿化、数字化等各项工程。社区建设也包含在列。

就是要求政府下放社区自治权力，推动政府将权力回归于社会、还政于民的过程，然而根据我国发展历程来看，改革开放后，社会结构由"强国家—弱社会"的关系转变为"国家—市场—社会"（也就是"政府—市场—社区"）的范式，先前政府通过资源的控制管理社会的方式依然存在，只是伴随着深化改革的进行和向社会主义市场经济体制的转变，国家与市场逐步分离，政府对社会的治理会转向社区进行。因此，政府在前期继续主导社区建设，同时通过培育社会团体，增强社区各组织的功能性，重视城市基层社会民主来增强社区的自治能力，并转向市场、非政府组织、自治组织等联合提供社区公共服务，形成了政府、市场与社会三足鼎立的局面，解决了政府提供公共服务的成本高、针对性不强、弱人性化等弱点，有助于更为有效地分配社会利益，同时也不绝对削弱政府管理社会的能力。在这一个过程中，城市社区建设促使政府授权于社会力量，还权于城市社区，社区组织不断提升自治水平和公共治理能力，加之有效的社会整体合力，使社区公共产品或服务更有生机和活力，从而使更多百姓乐于参与，惠及每一个城市居民。这样一个良性循环对推进社会的公平和正义、实现社会的安定具有重要的现实意义，也是政府现阶段不能立刻放手社区建设的原因。

社区服务体系化完善阶段其实是前一阶段的延伸，当国家更加注重基层社会的发展，重视市场效用的合理化，达到"强国家—强社会"的关系状态时，政府、市场、社区各方之间就能够形成良性的协商机制，形成循环的合作关系，社区公共服务体系的完善也就水到渠成了。

2. 党组织更多地参与公共服务供给——路标

中国共产党的根本宗旨就是全心全意为人民服务，党员是从群众里来，同样也要到群众中去，党的各级领导干部一直都坚持权为民所用、情为民所系、利为民所谋。中国共产党同样也重视城市社区建设，着力于城市社区成为社会主义市场经济条件下中国社会的重要组织单位，成为基层党组织建设和发展的主要社会空间，成为党组织社会、整合社会、动员社会，从而实现有效领导和执政的重要工作平台，[①] 因此加强城市社区党建工作，有利于党组织倾听百姓的呼声，加强城市社区党员参与公共服务事务，有利于群众愿望的表达，增强城市社区党员服务群众的宗旨，有利于党组织在服务中了解群众的疾苦，增进社区凝聚力。由此，在社区建设过程中，基层社会坚持党的领导，体现政府主导社区建设的行为意识，也就保证了这个"路标"将会指引城市社区建设走向正确的方向。

（1）以服务群众为导向，在服务中增强凝聚力。通过本次研究的问卷调查结果可以了解到，当前社区的党组织建设工作基本已经完善，实现了党组织的广覆盖，社区党员深入广大居民之中，党建工作也是逐步转向社会大众，更多倾向于服务社会，关爱社区，贯彻党的根本宗旨，重点做好社区公益性服务、便民利民服务等，通过党员的先进性，充分调动社区居民的积极性，通过服务群众来联系群众，通过联系群众来提升社区服务水平，以社区服务的成果体现社区基层党建工作的成效。

（2）整合社区间党组织优势力量，推动社区服务发展。社区党组织建设主要是遵循传统的街道党建格局，其实可以尝试打破条块分割的模式，建立以街道党工委为中心、其他周边社区党组织为节点的网络状组织体系，这样更有利于基层党组织由纵向的行政管理转化为街道党工委指导下的党组织间协调优势资源开展社区相关工

① 林尚立．社区：当代政治建设的战略性空间［J］．毛泽东邓小平理论研究，2002(2)．

作，实现社区党建工作全覆盖，同时更高效地发挥党组织的核心作用，社区服务工作自然也能够得到优势资源再优化的配置。党建工作通过社区党组织调整，坚持优势互补原则，达到资源共享，对社区间共同的需求、利益和目标能够集中整合社区资源，有针对性地为百姓解决实际困难，推动社区服务工作的开展。

（3）增强群众民主意识，党员带头积极参与社区事务。说到底，社区事务在某种程度上还需要居民的积极参与。首先，党员带头积极参与社区事务，联系居民，陪伴居民，有助于逐步提高居民的民主意识，以及社区居民自主精神的增强和社会意识的增加，是基层党组织团结群众的一条有效途径。其次，党员带头了解社区内居民的关注热点问题、社区发展难点问题，可以在社区党组织内讨论形成共识之后上报给街道党工委，这也为社区发展、百姓所需提供了一条上传下达的通路，上级党组织也可以针对实际情况进行迅速的处理和及时的反馈。最后，在社区党组织形成工作机制，定期汇总社情民意，针对社会性、区域性、公共性和群众性等事务，联合相邻社区党组织听取居民意见，通过民主协商的过程，提高居民自治意识，同时保障基层党员的民主权利，促进党内的民主教育。

党对城市社区建设的领导，不仅可以保证党的政策方针能够落实，发挥党本身政治核心的作用，更是加强党员和群众的交流沟通、巩固党的执政基础、维护社会稳定的保证。

3. 社会组织——路型

在国际上，对于社会组织存在多种称谓，只是侧重点不同罢了。联合国侧重于强调社会组织区别于政府，因此《联合国宪章》中使用的名词为"非政府组织"（Non-governmental Organization，NGO）；美国有些学者为了强调社会组织的非营利性，称之为"非营利性组织"（Non-profit Organization，NPO）；另外美国学者莱维特提出的"第三部门"（The Third Sector），目的在于强调社会组织是一个与公共部门（第一部门）、私人部门（第二部门）平行的社会部门。此外，还出现过志愿组织、慈善组织等称谓，来自于约翰·霍普金斯大学的萨拉蒙（Salamon）教授，根据组织特征界定了这类组织的六大基本特征，分别是公益性、正规性、志愿性、民间性、自治性和非营利性。

我国官方使用的就是"社会组织"一词，其包含社会团体、民办非企业单位和基金会三种相互独立的组织类型。本研究使用的社会组织，就是对上述三种组织类型的统称，从范围上看具有狭义取向，只要是指明其是非政府、非营利性的自治组织。

目前，我国社会建设取得了长足的进步，但是我国现阶段居民社会自治思想发育不够完善，社会组织尚处于萌芽阶段，暂且还不能真正实现市场化运转，社区中的 NGO 组织活动更是相对较少，其组织的自身发展都还不够成熟，但可期待的是，经过十年、二十年的发展，政府职能的转型完成后，这些组织即使没有得到长足发展，届时也应逐步具备相应能力接管城市政府权利转移后所留下来的一系列现实问题。

城镇化推进过程中所需要面临的问题将会接踵而至，人口老龄化问题、"村转社"人员就业问题、贫富差距问题、环境保护问题等一系列现实的难题将困扰着当地政府，同时城市居民对美好生活的向往将使个人需求不断增加并日益多元化，这一切都不是单纯在政府街道办事处和居委会的管理和服务之下就能够解决的，无论是在供给数量上或是在服务质量上都不能够有效地解决，社会组织发展壮大具有强烈的必要性以及广阔的发展活动空间，培育社会组织也是迫在眉睫。

众所周知，我国城市社区建设也是从社区服务发展而来，城市社区公共服务即社区中的社会公共服务，包括社会为社区提供的公共服务和社区自给的公共服务，前者主要由政府提供，后者主要由各类社区组织提供。政府提供的公共服务也只会随着政府职能转型实现社会化，社会组织将成为公共服务职能的主要提供者，社区自给的公共服务将越来越多。结合第5章的现状分析，城镇化进程中二三线城市商品房社区特点比较突出，但居民参与社区的程度不高，居民社区生活需求多样，单一的、简单的社区文体活动不能吸引他们，因此笔者认为，社会组织是社区建设路径的"路型"，通过这个主体落实社区公共服务的供给，实现社区公共服务供给主体的多元化，也是我国顺利完成社区建设的重要环节。1995年，莱斯特·M. 萨拉蒙等学者对世界上22个主要国家进行了一项针对非营利部门的统计，结果显示，这些国家的非营利部门的支出平均达到国内生产总值的4.6%，非营利就业占所有非农就业的近5%，约28%的人向非营利组织贡献了时间。[①] 但是我国民政部《2015年社会服务发展统计公报》显示，在民政部登记注册的社会组织在2015年底累计收入2929.0亿元，总支出2383.8亿元，总支出仅占国内生产总值的0.35%，社会组织吸纳各类社会人员就业占我国总人口的0.5%，占非农就业人口的1.7%，提供志愿服务的人口不足1%，对比看来，我国目前社会组织所创造的社会价值远远不够，还有很大的提升空间。

（1）政府应该因地制宜地扶持专业性社会组织的发展。居民的社会参与主要途径之一是社会组织，一方面是因为社会组织代表了社区中一部分居民的公共爱好或利益，另一方面其实也体现了政府

---

① 莱斯特·M. 萨拉蒙等著，贾西津等译. 全球公民社会：非营利部门视界 ［M］. 北京：社会科学文献出版社，2007.

公共政策的实施，承担着一部分的社会功能，因为政府鼓励扶持某些社会组织，表示政府朝着特定治理目标在前进，并通过社会组织施加公共政策的影响力。另外，社会组织具有独特的民间性，这是政府部门所不具备的，它们为政府处理社会矛盾提供了斡旋的空间。在社区建设中的公共服务供给方面，政府需要高度重视社会组织的作用，也要根据当地实际需求情况加强扶持的力度，更可通过相应的政策手段鼓励专业性强的社会组织尽可能地参与进来，例如政府给予特定专业性社会组织社会资源，购买其提供的社区公共服务产品，制定优惠税率等财政措施引导专业性社会组织开展活动，后文中还会进一步详细阐述。还有，建议政府部门有必要为扶持社会组织制定良好的制度和法律，因为当前我国社区社会组织相关的法律法规尚不完善，法律条文呈现出明显的滞后性，这一点同样不利于社会组织的发展壮大。

（2）注重培育社区居民对社会组织的信任与认同。由于城市社区建设在经济建设大浪中丢失了社区原有的信任和沟通交流模式，居民的合作网络也遭到了破坏，新的信任、模式及合作网络还在建设之中，社会组织以组织的形式吸引社区居民，加之其倡导的是为社区公共利益服务，居民可基于自愿加入自身关切的公共利益组织，居民之间自然形成了新的、平等的横向信任合作网络，有利于社区居民间的交流互动，促进社区形成和睦的邻里关系，加强社区居民间的互助，社会矛盾、多样化需求等都能迎刃而解，从而改善社区居民对社会组织的认同，同时也增强了社区居民对社区的归属感。因此，争取社区居民对社会组织情感上的认同以及信任，是社会组织生存和发展的根基。

（3）社会组织自身能力的提升。清华大学 NGO 研究所通过对我国非政府组织中的专职人员、兼职人员和志愿者状况的调查发现，社会组织自身能力提升实质上就是社会组织工作人员能力的提升。在现如今的知识经济时代，高素质人员团队是社会组织发展立足的根本，寻求获得专业人才能够迅速提高社会组织的自身能力，因此，应加强人力资本的开发，建立专业人才的引进、培养、管理的工作机制，充分利用当地政府的引导作用，尽可能为自身组织的发展谋取"软实力"。另外，需要强调的是社会组织需要树立"以人为本"的发展理念，坚持以社区居民需求为导向的管理机制，为拓宽社会组织活动覆盖面、提升居民参与程度以及凝聚力而努力奋斗。

（4）创新促进社会组织可持续发展。新型城镇化过程就是要不断提高城镇化的质量，科技创新是城镇化发展质量提升的支撑，社会组织作为提升城镇化质量的社会力量，同时也是加强社区公共服务供给多元化的主体，没有科技创新、前沿技术的支持也只能是"纸上谈兵"了。近年来，西方某些发达国家提倡智慧城市的概念，许多国家也都纷纷加入建设智慧城市的行列，这就促使社会组织尝试将智慧技术手段运用到社区建设中，集合大数据、数字城市社区等特征，结合相关创新技术，社会组织公共服务在社区实现点对点的连接，在满足居民公共性需求的同时兼顾个性化的需求，实现社区居民城市生活更美好的可持续发展。

（5）逐步减少政府干预，引导社会组织规范化发展，形成社会组织和社区共同参与的决策、协调机制。我国由传统的社会管理体制转型，客观上决定了政府主导的社会管理体制需要基于社会组织的发展进行改革，政府干预组织的建立和发展、干预管理职能的分配和主导的行为都需要逐步减少，只有引导各类社会组织规范化操作，加强社会组织和政府部门的沟通协商，才能激发社会组织的发展潜力。此外，在社区建设中应加强社会组织参与建设的民主协商机制，将社区居民的需求、社区发展的需求和社会组织进行匹配，完善供给和需求两侧的决策程序，确保各类社会居民和社会组织的参与权。解决矛盾在于多方调解，调解取决于多方的协商，供给和需求双方参与者能够形成这样一个良性循环，自然会减少各类社会矛盾，同时有利于各类社会矛盾的解决。后文中还会讨论社区如何形成社会组织参与决策的程序。

4. 物业管理公司和业主委员会——路带

社区治理的权威主体主要是党组织和居民委员会，但随着房地产行业的市场化，两种新的主体也随之诞生——物业管理公司和业主委员会。在新的商业开发房产项目中，存在着两个原则——"谁开发，谁管理"和"谁受益，谁出钱"，房产开发商们被要求管理好项目建成之后的相关事务。[①] 也是因为开发商们能够在建成项目后向住户收取一定金额的管理费用，以便用于日常保养维护和日后翻新替换小区设施等，开发商们也比较乐意成立物业管理公司。业主委员会这一概念是由物业管理公司引进中国的，最早是20世纪90年代，深圳市的开发商组织成立业主委员会，旨在更积极有效地解决业主居民所牵扯的小区管理问题，这一举措也迅速扩散至其他城市，政府部门同样支持这一组织形式的推广与普及，并于1994年写入我国建设部的《城市新建住宅小区管理方法》，当地政府房管部门负责要求在商业住宅小区成立业主委员会。

作为最基层的群众自发性社区自治组织，业主委员会有着不可替代性的作用，但是对于是否应该将业主委员会合并于社区建设中，一直还存在着些许争议。为了探寻二三线城市社区居民对多元化组织所扮演角色的理解，笔者在问卷调查中还设计了两组假设提问。从这两组提问得到的统计结果看，在物业管理事务上业主委员

---

① 唐娟. 城市社区业主委员会发展研究［M］. 重庆：重庆出版社，2006.

会和居民委员会呈现脱离的关系。

第一组假设问题组提到社区管理中可能遇到的四种情况，要求受访居民回答面对各种状况时会首先寻求哪一个组织的帮助。在所有假设的状况中，比起居民委员会这一选项，更多的居民选择寻求物业管理公司的帮助。对于某些特定的社区管理状况，受访居民更愿意首先寻求有关政府部门的帮助，而不是居民委员会。比如对于小区的公共区域干净整洁的问题，70%的受访居民选择物业管理公司，只有14%的居民会在第一时间找到居民委员会。再比如，"小区内的饭店、摊位造成太大的噪声"，大部分（54%）的居民还是会首先寻求物业公司的帮助，差不多1/4的居民会将这件事情首先反映给有关政府部门，仅仅只有12%的居民认为居民委员会是他们的第一选择（如表6-4所示）。

表6-4　　　　　　　　居民对社区管理的相关认识

"如果遇到以下几个问题，您会选择寻求哪个组织的帮助？"					
1. 小区的公共区域管理不善					
70%	物业管理公司	14%	居民委员会	9%	业主委员会
5%	街道办事处	2%	相关政府部门	0%	其他
2. 您邻居阳台装修违背了小区要求的标准					
38%	物业管理公司	17%	居民委员会	26%	业主委员会
5%	街道办事处	9%	相关政府部门	5%	其他
3. 小区内的饭店、摊位造成太大的噪声时					
54%	物业管理公司	12%	居民委员会	26%	业主委员会
2%	街道办事处	25%	相关政府部门	2%	其他
4. 当您发现您所居住的楼房在下雨天漏雨时					
69%	物业管理公司	7%	居民委员会	2%	业主委员会
3%	街道办事处	12%	相关政府部门	7%	其他

资料来源：调查问卷分析所得，由于是多选题，所以比例总和可能出现大于100%的情况。

　　第二组假设性问题是询问社区居民根据各个组织的责任划分，认为哪一个是最适合对相应问题负责的组织（如表6－5所示）。绝大多数（89%）居民都同意"业主委员会"应该挑选和监管物业管理公司。而后，19%的受访居民认为"居民委员会"应该引导和监督业主委员会，同样多的受访居民认为应该是"街道办事处"。如果没有业主愿意召集业主委员会，差不多一半的受访居民认为应该由"居民委员会"负责启动业主委员会的成立。

表6－5　　　　　　　　　　社区居民对组织责任划分的认识

"针对以下各个责任划分，您认为哪一个是最合适的对此负责任的组织"			
1. 您认为谁应该挑选以及监管物业管理公司？			
7%	居民委员会	0%	街道办事处
89%	业主委员会	4%	其他
2. 您认为应该由谁来决定物业管理费的标准？			
2%	物业管理公司	3%	居民委员会
58%	业主委员会	21%	相关政府部门
16%	其他		
3. 您认为应该由谁来收取物业管理费及决定支出的范围？			
16%	物业管理公司	68%	居民委员会
2%	业主委员会	12%	相关政府部门
2%	其他		
4. 您认为应当由谁引导和监督业主委员会？			
2%	物业管理公司	19%	居民委员会
19%	街道办事处	29%	相关政府部门
31%	其他		
5. 如果没有业主愿意召集业主委员会，那么哪一方应该对启动业主委员会的成立负责？			
2%	物业管理公司	59%	居民委员会
18%	街道办事处	17%	相关政府部门
4%	其他		

资料来源：调查问卷分析所得。

尽管这次调研过程中的受访居民不全是来自商业住房类型的百姓，但是从这一块的调研结果统计来看，居民们（特别是"村转社"居民们）至少是知晓业主委员会、物业管理公司和居民委员会，总体说来，二三线城市社区居民还是具备一定的"社区常识"。当下，百姓对业主委员会和居民委员会的选择上有所背离，对居民委员会和业主委员会两者的角色以及相互间的关系存在不同程度的理解，业主和物业公司也有一定的矛盾，然而从长远来，业主委员会这一组织将在社区建设中逐步扮演更重要的角色，特别是基层民主等方面。业主委员会的成熟，也体现了社区建设"由下而上"顺畅渠道的开端，因为其成员是来自于同一片小区的居民，所代表的也是该片小区居民的集体利益，街道办事处以及居民委员会可以通过业主委员会了解百姓的切实需求，可以优先处理百姓的集体利益诉求，为百姓提供更有针对性、更有效率的社区公共服务。笔者认为从下列两个方面提升其组织功能性，实现公共产品或服务的供给侧改革。

一是明确物业公司的社会角色，明确公共产品或服务的供给职责。前文中提到，城市社区公共服务即社区中的社会公共服务，包括社会为社区提供的公共服务和社区自给的公共服务，物业管理公司所提供的公共服务，或日常物业管理服务，属于社区自给的公共服务，是由某一小区内业主集体购买的市场性的公共服务，这一点要和居民委员会通过社区服务站、社会组织等提供的公共服务职能区别开来，但是说到底，两者更应该是一种合作管理的关系，共同处理好社区的管理事务，只是居委会更倾向于提供国家社会所应当给予的免费的公共产品。这样的界限划分，物业管理公司在社区建设中有着明确的社会职能，可以防止其与居委会产生某些矛盾，影响社区公共服务的供给。

（2）着力培养业主委员会的自律性，充分挖掘居民自治的潜能。随着计划经济向社会主义市场经济的转换，行政一体化的单位体制开始向功能分化的社会组织体系转换，在这一转换过程中，作为社会元素的人、财、物向一定地域范围的基层社会沉淀。业主委员会可以说是基层社会的"基层"了，中国就有一位学者曾经说道，业主委员会是"社区层面真正意义上的非政府组织"，[1] 也是真正可能实现民主治理的组织。在社区建设推进业主委员会建立的同时，我们还需要关注业主委员会不作为、自治水平差等问题，建议政府相关部门对业主委员会进行监督和指导，制定业主委员会工作人员的制度和标准，从制度上要求业主委员会工作人员了解小区居民的需求和现状，尽可能将问题解决在萌芽中，将居民的各方面需求反馈给社区或者上级政府管理部门，更有针对性地通过社区主体提供相应的社区服务，在这一过程中，也可以增强社区居民的自治意识，尝试自己的问题自己解决。

最后，总体说来，理顺社区建设各主体重新定位的问题，都是为了更高效、更有针对性地提供社会公共产品或服务，以提供专业化、普惠性的社区公共服务为抓手，改善社区公共产品或服务的供给主体组合，形成多方位、多层次的供给途径，达到优势互补，责任清晰，为实现"两个一百年"发展目标奠定民生基础。

6.2 社区建设的"由下而上"——需求侧

6.1 节中已经探讨过有关社区主体公共服务供给侧问题，本节将要从人的角度出发，探讨社区居民如何由下而上地顺畅表达共同

---

[1]　Feng Wang etc.. Democracy Starts at Home? Bottom-up Governce in China's Homeowner Associations［J］. CMI, March 2013.

利益需求和对公共服务的诉求。我国经历了社会管理体制的转型，并且目前这一转型还未完成，从"社区制"到"街居制"再到现在的"社区制"，社会管理的转型引起居民身份的相应转变，由之前的"单位人"到"社会人"，或者称之为"社区人"，[①] 但是笔者认为，就目前的"社区人"构成来说，除了因为社会转型使"单位人"转为"社区人"外，另一个主要组成部分是新型城镇化进程引进来的新进城市人口，如表6-6所示。

表6-6 近年我国城市人口数量

年份	城市居民人口（万人）	较上一年增长比例（%）
2011	69079	3.1
2012	71182	3.0
2013	73111	2.7
2014	74916	2.5
2015	77116	2.9
2016	79298	2.8
2017	81347	2.6
2018	83137	2.2
2019	84843	2.1

资料来源：笔者根据国家统计局年报计算得来。

新进城市人口不会具备特别明显的单位人传统的色彩，更多地可能面临着"半城镇化"的状态，在完全融入城市社区还是重回来源地之间徘徊，同时也要清晰地看到，随着经济社会的进步，百姓对社区公共服务产品的需求也将由是否有公共服务产品升级到提供

---

① 何海兵，我国城市基层社会管理体制的变迁：从单位制、街居制到社区制 [J]. 管理世界，2003 (6).

的质量如何。针对我国社区人口未来的特点，如何把握其需求多样性，建立一个因地制宜的需求诉求路径，与社区公共产品或服务的供给路径紧密结合，实现社区建设由被动式发展转变为主动式发展，是一个值得研究的问题。

从人员的构成来看，社区居民百姓的背景不同，本研究假设社区居民为经济人，城镇化的发展吸引着更多的居民来到城镇，人口因为个人的喜好或经济追求得以充分的流动，在社区公共产品或服务这一变量下，百姓最终会因为有共同的利益、共同的生存需求、共同的文化聚集在一个地域性的共同生活环境——社区中，这里会体现聚集在一起的居民具有共同风俗、共同公共生活服务设施以及有着共同关心的问题。因此，对于社区居民如何更具现实意义地"从下往上"表达共同关心的问题以及需求，笔者认为若仅仅从单个的社区进行有点过于微观，因为社区具有区域性"社会生活共同体"这一特点。

德国著名学者齐美尔认为"社区共同体"应是社会结构的原子和原始因素，根据这些共同的特性，笔者建议在同一区域的多个社区可建立一个"社区群"，这样不会因为社区这一社会单元的微小，而忽略其需求的广泛性，但也不能让太多的单个社区组建"社区群"，这样就会忽略某部分居民群体的实际需求。

6.2.1 社区群——路牌

前文分析过新型城镇化对社区建设的要求，在新型城镇化发展的背景下，新进的人口流入城镇是一个必要条件，所以如何更具包容性地、更细化地、更具人性化地指导社区建设是学者们需要探讨的一个实际问题，二三线城市的社区建设更需要关注。我国一线城市面积有限，城市承载力有限，要进一步推动城镇化，就需要更多的进城人口被二三线城市所收纳。二三线城市的硬件设施固然重要，这些年经基层政府的大力建设之后，各项基础设施已经相对完善，但提升城市软环境（如教育、医疗等公共产品或服务）尤为重要，也是进一步吸引相应人口进入城市生活的重要手段，因此，关注二三线城市社区建设尤为重要。现实情况中，新进城市居民的进城原因、背景不同，一旦入住城市，会自然进入其所在区域所属的社区，因为人口是流动的，优质的软环境，具体说是优质的社区公共服务或产品，可能成为进城人口在城镇之间流动并最终落户在某一个城市社区生活的关键因素。

处于同一地区内的居民面临共同的社会环境，居住在统一地域的人群有共同的生存需要，有着共同的生活服务设施、共同的文化、共同的风俗、共同的利益、共同关心的问题——这六个"共同"的互动结果便形成了地域性的"社会共同体"。① 也正是所谓的"物以类聚，人以群分"，新进城市居民在不同城市中或者同一城市的不同社区流动，最终个人会因为自己所期待的生活诉求得到实现而停留在某一个社区，尽管需求的种类可能一致，也可能不一致，但是表达诉求的渠道以及实现需求的满足感已能够让这些居民停留在某一个社区。第3章中有关公共选择理论的论述，也说明了居民如何通过向上传递的机制或者渠道表达各自对社区生活需求的重要性。正因为社区建设的复杂性、居民生活需求的多样性与地域性，笔者依据调研所获得的现状资料，从社区居民实现"人的城镇化"的需求侧出发，提出建立社区群，以使其成为新型城镇化进程中社区建设的"路牌"。

---

① 邓伟志 . 关于当前中国的社区发展［J］. 江苏社会科学，1999（6）.

社区群是以社区为单位，也就是说更多地根据地理位置确定社区群覆盖范围，社区群可以由相邻街道或者是不同街道内的相近社区组成，一般来讲由相邻的5～10个社区，共15000～28000户居民构成。社区群不是一个行政组织，而是为本区域内居民建立的一个表达多元化需求并协助其实现需求的群众性组织。由此说来，如何选定社区组建社区群尤为重要。笔者建议从以下几方面考虑：

1. 识别确认潜在区域建立社区群

一个大的社区可能管辖5000户，小的社区则由不到1500户组成，城市周边区域建议合并4～5个社区大约12000户居民为一个社区群，城市中心城区建议合并3个社区约8000户居民为一个社区群。考虑到城市的扩张，以及新型城镇化对人口的拉力，进城人员居住区域更有可能在城市与郊区接壤的区域，这些地方的社区群应适当控制其中的社区数量，社区太多会导致需求的不一致性，很难成全社区群内公共服务的共性。

2. 建立一套能识别、确认潜在区域建立社区群的参考标准

一座城市的资源是有限的，包括财政资源、环境资源等，将资源要素投入社区群项目就更不能是盲目的，加之城市还有自身的发展规划，社区群的项目更应该符合城市发展方向，同时还能满足居民的共同需求，因此建立一个合适的参考标准相当关键。笔者建议具体建立社区群的参考标准如下：

（1）对公共产品或服务有强烈的需求感。能提供实效性的服务或产品对社区群的建立有促进作用。了解并分析社区内居民对公共服务的需求，对于具有共性的需求，可在社区群这一层级进行考虑，以避免资源重复配置与浪费。例如社区医院，目前的社区医院都是以小型诊所的形式存在，只针对社区内居民简单的、易处理的疾病，可考虑在社区群中建立一个稍大一点的社区医院，以实现大部分疾病就地治疗，同时减轻大医院、三甲医院的压力，因此，这些有强烈需求感的公共产品或服务，可以成为建立社区群这一层级的社区组织的参考标准。

（2）以公共产品或服务的项目为导向。建立社区群，主要是建立一种协商机制，可基于相近或相邻的社区中具有共性的公共产品或服务的项目为导向建立，在社区居民明确告知社区相关的具体需求后，社区和社区间进行协商，共同建立某一个项目的可行性，从而对接居民所产生的具体需求，同时不会因受众群体的规模过小而无法提供相应的产品或服务，因此，这种灵活的、有针对性的、以居民公共产品或服务需求项目为导向的标准，可以促进社区群的建立。

（3）社区群的建立与当地区域发展的目标相一致。在新型城镇化的进程中，城乡统筹发展，当地政府为城区的发展绘制了清晰、明确的蓝图，例如经济、社会性的、技术性的、基本保障类型的发展蓝图，社区群的建立以及工作的开展既要符合片区内社区居民的要求，同时还要契合当地政府对该区域制定的发展蓝图，不能产生相违背的情况，积极保持与政府相关部门的沟通，确保社区群的项目能够服务居民，还能服务城市的发展。

（4）寻找可利用的资金资源来支持社区群的发展。可想而知，主要的资金来源可能还是当地政府，但是这部分资金在大部分情况下都是有限的，社区群开展的项目需要积极找寻其他渠道的可利用资金，采用创新的融资计划，例如 PPP（Public - Private Partnerships）和社会捐赠、支付转移、专项资金等，从而确保社区群项目的顺利开展。

6.2.2　社区群的组织构成

1. 社区群的计划委员会

社区群其实只是一个概念上的虚拟组织，其真正存在的实体为计划委员会，社区群的相关工作也主要是由计划委员会承担与开展，对于这一个机构的架构与职能等，笔者建议如下：

（1）人员构成。计划委员会的人员主要由划片地域内的社区群中各社区党支部书记、居委会主任、社区居民代表以及物业公司总经理代表共同组成。这样的人员构成设计首先体现了党执政为民的主题思想，同时也体现了党领导一切工作的思路，也符合第5章分析后得到的结论，基层党组织需要提高社区建设参与的程度，来源于群众中的党员应该首先更多地为群众谋福利；其次，群众自治组织的领导直接参与计划委员会，也保证能够带来真正意义上的民意，为居民的需求发出声音，维护社区百姓的集体利益；最后，物业公司总经理代表的加入，可以说符合我国二三线城市目前商业住宅小区数量较多的实际情况，物业所提供的相关服务需要对接并寻求政府部门支持，同时物业公司可直接了解社区相关公共服务或产品的实际需求情况。

（2）主要职能。第一，计划委员会主要是提出有关社区居民需求的议题，推进实现这些需求的事项，具有相似性、普惠性且覆盖面较广的群众需求，可考虑单独立项，并将这些需求项目纳入政府规划及城市发展规划中，这也符合计划委员会为社区群公共服务或产品导向的项目发展方向提供支持的目的。第二，针对社区群内居民实际生活情况，结合当前城市发展规划和城镇化进程中的突出问题，提议积极的、有针对性的社区建设项目，帮助解决社区居民实实在在的问题。第三，保持与各个社区的交流沟通，对于具体项目的执行情况，主动向社区或社区代表反馈，注意社区居民需求的变化是否影响到项目的实施。第四，计划委员会要每两个月召开委员集体会议。

（3）居民需求信息来源。计划委员会作为一个接收社区公共服务或产品需求信息的窗口，首先要对社区居民的各项服务需求非常重视，创建这样一个机制主要目的是汇总居民的需求信息。具体而言：第一，计划委员会的委员们可通过社区服务站这一载体，获取所在地居民对社区服务具体项目的要求；第二，委员们本身就来源于群众，可通过平日工作中接触社区居民的经历，总结出所在区域社区的居民对具体项目的需求；第三，计划委员会的委员们还可通过对社区群这一范围内的各个社区进行调研获取信息；第四，可以由居民发起，针对所在社区暂时没能提供的服务项目，撰写相关项目申请，并得到所在社区30%的全体居民户签字同意的申请，计划委员会需要将这一申请汇总信息，全盘考虑是否需要立项。

（4）计划委员会委员职责。

①委员们更倾向作为顾问，为社区群与政府部门之间开设沟通的窗口，将所列选的计划报备相关政府部门，协调计划实施中各方的关系。

②识别和分配目标社会资源，利用这些资源促进社区群计划的实施。

③设计、实施一个观察、评估和借鉴的循环系统，保证计划落到实处的同时，及时总结每次计划实施过程中的经验教训。

④在计划全部完成之后，收集各个环节的资料信息，最终由计划委员会的委员们形成一个报告，向地方政府政策制定者、项目资助方、社区主任和相关机构推广成功经验。

2. 社区群的社区关系协调小组

社区关系协调小组建立的原则是一个社区群组建一个社区关系协调小组，小组成员主要是由社区群区域内的社区主任、副主任组成，主要职能是：（1）调动社区居民的参与积极性，居民通过参与表达其需求；（2）及时告知社区，其提出的需求方案是否已经列入社区群的计划方案，积极向社区居民或相关社区代表反馈他们所提出的需求方案进展情况；（3）小组成员每一个月需要召集一次协调小组会议，就社区群内所有提出的方案进行商讨，匹配不同社区相类似的居民需求，同时针对不同的社区需求，探讨其他社区是否存在类似的需求，再酌情报给计划委会考虑是否纳入社区群的计划项目中；（4）设置"优先项目墙"，对计划委员会确定的且已经立项的相关居民需求项目，及时在社区群内的各个社区进行公布，征求对项目设计的评论，并依据需求的轻重缓急以及重要性程度按照"非常需要""基本需要""有会更好"三个等级划分，在两周的公布期内接受社区居民的集体评议确认，协调小组依据居民评议结果做适当调整；（5）跟进与协调被纳入社区群中计划项目的实施过程，遇到困难后，需要关系协调小组寻求区域调解员、其他社会组织或当地政府部门的支持。

3. 区域调解员

对于区域调解员，笔者认为更应该由当地政府中的民政部门人员担任，挑选的人员应能够对社区群内居民关切问题进行项目上的指导，倾力为居民需求产生的项目提供社会资源对接。如果地方部门个人的力量有限，可以考虑潜在的候选区域调解员，可以由当地NGO组织、社区大学等社区组织来承担区域调解员的职责。

区域调解员的具体职能可能包括：

（1）作为教练，或者是社会资源提供者，协助社区群设计的项目实施工作，全年至少出席一半以上的社区群计划委员会的会议。

（2）向政府部门申请一定的资金，能够支付全年社区群计划委员会工作顺利开展的直接费用，如区域内委员们的交通费、办公室租金、打印费等。

（3）当社区群内利益相关者因为居民需求发起的项目而产生激烈矛盾或争议时，区域调解员应出面协商，并为争议事项寻找解决方案。

（4）定期向政府部门汇报相关社区群项目进展。

4. 社区群项目的设计

社区群内各个社区具有地域性，拥有共同的社会环境，甚至社区建设发展所遇到的问题也有同质性，在获得社区居民具体需求并形成项目提案之后，如何设计项目并最终实现项目的落地，就显得十分关键。项目设计要求社区群计划委员会的委员、职员、关系协调小组组员担当重要的角色和责任。

（1）维持一个多样化的社区群居民。

（2）积极征求各类背景的社区人员的意见。如征求在社区居住的职员、商人、离退休干部、社区楼长、工作人员等的意见，从不同的角度广泛征集居民的意见与建议。

（3）在需求转化为项目的过程中，与社区群内各种社会组织至少有6次各种形式的接触商议，探讨项目设计的可行性与项目实施的可操作性。

（4）与区域协调员保持联系与合作，以便后续出现矛盾或困难时得到区域协调员的支持；与社区关系协调小组进行前期可行性分析，以便项目成型后进一步提高社区居民的参与性。

（5）在该地区的社区群内的社区党支部中，指定一个具有可信度的党员，作为鼓励居民参与带头人，深入居民中，引导并鼓励居民多参与项目设计，对"优先项目墙"多评议等，使项目设计带来更多地以社区居民的实际需求和建议为依据。

5. 社区群项目的实施主体

正如前文所述，我国现阶段处在社会主义初级阶段，二三线城市之间的发展存在不平衡，同一城市不同社区以及城市与农村之间存在不平衡，居民在社区的需求也是各有偏重，居民的需求积攒到一定程度也就成为我国社会发展的问题。社区服务需要注重不同居民的实际需求，杜绝服务的千篇一律，笔者建议的这一组织建设形式，可以在一定程度上实现社区根据自身具体情况，根据所在社区群的实际情况，听取并考量居民的具体需求，提出社区群或者这一区域范围内的解决方案。

社会组织是社区群计划项目的实施主体。我国民政部《2016年社会服务发展统计公报》显示，2016年底，在民政部门登记注册的社会组织总数达到70.2万个，比上年增长6.0%。其中社会团体33.6万个，比上年增长2.3%，民办非企业单位36.1万个，比上年增长9.7%，基金会5559个，比上年增长16.2%，如表6-7所示。

表6-7 我国社会组织数量（2012~2016年）

	社会团体（万个）	民办非企业单位（万个）	基金会（个）
2012年	27.1	22.5	3029
2013年	28.9	25.5	3549
2014年	31.0	29.2	4117
2015年	32.9	32.9	4784
2016年	33.6	36.1	5559

资料来源：中国民政部官网，http://www.mca.gov.cn/article/sj/tjgb/201708/20170800005382.shtml.

本书在前文中强调，二三线城市社区建设目前阶段最重要的是社会组织的培育与发展。在第 5 章对国外社区建设成功经验的分析中也可以得出，英国、美国从一开始就是由社区自身居民或者组织来解决社区内相关社会问题，然后等到社区发展到一定阶段时，政府开始介入社区建设，使社区成为实现政府社会政策的渠道。然而，我国是由政府在经济改革、社会转型过程中，借鉴西方经验推动社区建设的，现阶段政府一直在大力支持社区各项基础设施的建设，对于社区组织建设、社区相关服务工作所需要的社会组织发展关注相对较少，因此在新型城镇化深度推进的阶段，政府、社会、社区需要紧密联系，聚集力量促进社区发展。就如本研究建议建立的社区群，在党组织的领导下和当地政府的引导下能够与社会组织实现无缝对接，促进社会组织在数量上和质量上同时发展，最终在社区群这个平台中将居民的实际需求转化为城市社会进步的果实！

6. 社区群的自治评议小组

自治评议小组是由各社区提出需求方案的居民代表组成，原则上不仅对需求方案实施过程进行监管，还要在方案实施之后进行效果评估，也就是居民对需求得到满足所带来的生活满意度进行评估。这样的组织设计，更有利于提高居民的参与性，同时从设计的出发点上体现了社区居民自主精神和社会意识！

7. 社区群实施项目的审计和总结反馈

自治评议小组完成评议后，就需要将项目委托给第三方机构进行审计，找出其中的问题并要求项目承担责任主体进行整改，全部整改完成并符合要求之后，由社区群计划委员会的委员进行总结，汲取成功经验，还要将总结反馈给社区，反馈给社区居民，希望更多的城市居民能够共享建设的成果，也鼓励社区居民为社区的建设群策群力。

新型城镇化进程中社区建设的财政探索

　　党的十八大以来，城镇化成为中央着重部署的一项重要工作，稳步推进这项工作也是现阶段我国深度改革与社会发展所面临的重要任务之一。社区是城市最重要的基本单元，社区的建设与发展也就直接关系到城镇化进程的推进。财政作为政府配置资源的重要手段，党的十八届三中全会通过的《中共中央关于全面深化改革若干重大问题的决定》指出，财政是国家治理的基础和重要支柱，在推进新型城镇化建设以及社区建设的过程中将会担负更重要的责任和发挥更关键的作用。党的十九大报告也明确指出要"加快建立现代财政制度，建立权责清晰、财力协调、区域均衡的中央和地方财政关系"，权责清晰不仅对于中央和地方之间的关系十分重要，对社区的上下关系其实也是同等重要，明确财权、事权的关系才能使财政政策和各项资金发挥最大效用。

　　新型城镇化强调的是"人的城镇化"，社区建设是要落实"人的城镇化"，围绕这一目标，财政需要对社区建设中的基础设施建设、公共服务供给、民生改善等方面提供资金、政策性的支持。我国经济增长进入新常态，增速已经明显放缓，财政收入的增速亦然，经济结构的转型，新旧动能的转换，必然使部分领域的财政收入下降，加之"土地财政""煤财政""油财政"恐怕难以再继续，而公共服务支出的刚性需求只会随着进城人口的增多而增加，地方政府的财政收支缺口有可能逐步增大，建设现代化国家的财政支出压力会进一步加大。在当下明确提出进入"新时代"的背景下，仅一味依靠政府财政投入将很难充分推进新型城镇化进程下的社区建设。亚洲开发银行 2008 年曾预测，在未来的 20 年内，亚洲地区城市人口将要新增将近 10 亿人，每年需要 600 亿美元投入到城市基础设施建设中。[①] 巨大的资金需求迫使中央政府和地方政府需要提升资金投入机制与社区建设的组织机制匹配程度，依靠改进资金运用效率从而促进各项公共物品或服务的落实。

7.1　社区建设的财政现状简析

党的十八大报告要求"有序推进农业转移人口市民化，努力实现城镇基本公共服务常住人口全覆盖"。新型城镇化推进中重要的一个方面就是人口转移的过程，新来城镇的人口是否能够最终生活在城镇，社区建设显得尤为重要，社区内居民能否全面享用城镇基本公共服务也非常重要。然而，从目前社区建设的实际资金情况看，存在如下一些现实情况。

7.1.1　财政体制限定财政支持社区的准确度

本研究的出发点是"人"，探讨社区各个方面的情况。我国现有的财政体制也是如此，政府对公共服务的财政支持是假定某一地区为人口不流动的静态地域，换句话说是根据所在区域的户籍人口

---

① K. Choe and A. Laquian. City Cluster Development—Toward an Urban - led Development Strategy for Aisa. Asian Development Bank，2008.

来提供公共服务，但是城镇中的居民有各种身份，而且居民是存在流动性的，这就会导致财政与公共服务供给的不匹配。某一地区的城镇化进程吸引到更多的人口进入城镇社区生活，但是这部分流入人口有可能面临公共服务两不管的难题，或者是社区想要管，可是得不到相应财政经费支持，巧妇难为无米之炊！流动人口的公共服务问题在我国现有的财政体制下难以得到解决，尽管户籍制度在部分省市已经放开，财政对实际居住人口的数量有更准确的信息，但是总而言之，地方政府的财力和事权不匹配问题依然存在，财政体制带来的影响是财政资金在社区使用的精准度不高。

7.1.2 社区建设的财政支出现状

目前就我国社区建设的各项经费来看，基本上都是一次性的投入，还没有整体纳入国民经济发展规划，甚至地方政府未将部分社区经费纳入地方财政预算，经济条件好的地区和差的地区，在社区建设的投入上就会存在较大的差异。在全国范围看，社区建设具体资金来源和使用的情况，都还没有一个完整的、全面的、准确的统计数据，但可以肯定的是，因为地方经济发展情况不一，各地对社区建设的财政支持和相关资金投入存在明显不平衡的现状。

1. 地方政府的财政支持为主

中央财政的拨款毕竟是有限的，因此，省级政府财政或者市级政府财政对社区建设来说才是主要的资金来源。分税制财税体系下，各级地方政府的财力本身就比较紧张，再要求地方政府作为主要的财政资金支持者，有限的地方财政当然很难在社区建设中实现面面俱到了。前几年，地方政府也只是着重于城镇居民基本医疗卫生、基层治安安全建设、社区办公活动场所等，都是以社区为单元，模块式地推进。

2. 利用民政部门相关项目资金

除中央的财政拨款外，民政部门还有一些普惠项目与社区相关，就会存在一些项目专项资金。可以说在 21 世纪的前十年里，民政部门的项目、福利彩票基金等提供的资金为我国社区建设发挥了重要的作用。特别是在社区基础设施、老年服务设施、社区医疗卫生服务等方面，支持力度较大，也取得了一定的效果。2001 年和 2002 年，山西省通过民政部社区老年福利项目——"星光计划"，共计投入超过 1.7 亿元人民币，为省内各社区新建或是改建老年服务设施以及社区办公、服务场所。但提出社区建设以来，民政部作为国务院全国社区的主管部门，一直没有社区建设的专项资金推动社区的发展，只能通过某一项民生问题建立专项资金，从社区服务要素上支持社区建设，缺乏总体上的支持，而中央政府从资金支持的角度，认为社区建设更应当是地方政府的责任。

3. 社会资源资金

社会捐赠、机关事业单位对点扶持、政府和社会资本合作（PPP）是社区建设的又一资金来源。近几年来，民政部门和社会组织收到社会捐赠的金额呈现直线上升，但是这些社会组织的资金用到社区建设的，却寥寥无几。机关事业单位的点对点扶持，在地方上确实能够为社区建设提供一小部分的资金，但更重要的资金来源渠道应该是 PPP 模式。西方国家在 20 世纪 80 年代就纷纷掀起了打破政府垄断、引入市场化竞争机制提供公共服务的浪潮，英国政府最先开始实施政府业务委托经营的政策，美国也是大力推行公共服务供给的 PPP 模式，形成政府、企业和第三部门共同参与公共服务的供给，实现各方优势的互补。

7.2　社区公共财政特征分析

在探讨我国社区公共财政前，应该针对社区目前的实际事务和社区运行特点进行总结分析。我国长期存在着城乡二元结构，虽然党的十八大以来，党提出了城乡统筹发展的观念，但就社区这一基层组织而言，目前仍然存在着浓厚的"二元性"属性。众所周知，20世纪80年代末90年代初，我国政府为了在"单位—街居"制解体后能够加强社会管理、解决社会矛盾问题的实际需求下提出社区建设，社区建设与生俱来就带着浓厚的行政策动意味。30多年过去了，政府还是社区建设的倡导者、规划者以及社会资源的供给者，我国社区建设明显体现着国家意志，管理社会、解决社会矛盾时，社区常常是以基层行政单元的身份执行上一级政府下达的规划任务，这一过程中社区就必须履行前文讨论的"制度性事权"，"类行政组织"的特征表现得非常明显。另一方面，社区作为居民相互帮助的社会有机共同体，在政府转型过程中，会留下许多具体社会管理活动，随着政府逐步退出全面掌控社会事务，社区居民需要通过自治行为，主动填补基层社会管理中的缺位与空白，并使之得以"社会化"地解决，实现社区公共服务的自我生产和自我供给，这无疑是社区本质上需要自治组织履行的国家制度以外的"自治性事权"，"基层居民自治性组织"的特点也很明显。

在认识清楚我国社区当下二元属性的发展特征后，社区公共财政领域也就形成了社区双重事权的特点。回到计划经济年代中，单位制能够将国家的政治权利延伸到城市基层的每一个群众，单位必须完成自上而下的单向行政指令，完成中央政府部署的各项任务，包括衣食住行，履行国家规定的"制度性事权"，"单位—街居"制类似社区的财政，理所当然是实行财政拨款类型模式，出发点以及最终目的都是最大限度地发挥政府的行政管理属性。社会主义市场经济年代中，社区位居社会管理的末梢，伴随着市场经济的飞速发展和政府职能的转型，并依据社区新属性，即希望更多居民通过社区自治，实现自我管理、自我教育和自我服务，社区为居民提供了参与社区管理的现实途径，这一点是与"制度性事权"截然不同的，社区居民本应该可以根据自身的需求，通过特定的民主程序履行"自治性事权"，由此说来，这一民主程序中应该存在不是通过传统的政府财政渠道获得的资金支持，"自治性事权"应该是需要一种自下而上的、依据共同需求的社会资金投入模式，当然这一过程肯定少不了社会组织的参与。

社区的"二元"属性以及"制度性事权"和"自治性事权"的错综复杂交织在社区这样一个基层组织里面。社区公共财政制度也就存在不少现实的问题。

7.2.1 社区公共财政制度较为单一，实际过程中没考虑到社区的"二元"属性

由于社区的财政不是全国性的财政制度，总体说来都是地方政府根据自身的实际情况制定符合自身的财政制度，但是，我们不难看出，这些制度基本没有摆脱自上而下的财政单向型思维，社区预算和收支管理还是社区公共财政的重中之重，每年的年初，地方政府会要求社区将本年度的总开支"形成规范的预算报告"，且"超预算开支或预算外重大开支项目必须按规定程序调整预算方案后方

能执行"。① 对于社区内有关的收费项目要求以文件形式报批，需要
上级管理组织街道根据管理权限酌情审批，因此说，政府部门内的
"收支两条线"也着实存在于社区公共财政的管理流程中，社区也
是要实施"收支集中管理"。

单一的社区公共财政制度，使社区不得不疲于应付"制度性事
权"，因为地方政府的拨款就是为了使社区支配与资金相匹配的事
权，这样同时也会挤占社区居民自治事务的空间，并且"自治性事
权"目前在社区中的确存在很大程度的不确定性，其所需匹配的资
金支出规模存在不可预见性，在每年年初制定社区公共财政预算报
告时没有办法纳入。还有更需要认识清楚的一点，即居民自治过程
中的经费可以是社区或者社区居民自我筹措，对于没有违反法律
的、不涉及政府的自我筹措资金不应该是由当地政府部门审批与监
管，社区的自治性原则就决定其通过合法渠道获得的经费应该主要
由居民协商决定，不应该受到政府强制性规定限制。

这样说来，目前社区的财政制度更多是从政府的角度实施，社
区"自治性"的一面并没有得到彻底的体现，单一地执行社区公共
财政制度，实际就相当于政府部门限制了社区自治的物质基础，极大
地影响了社区居民自我管理、自我教育和自我服务的能力培育。

7.2.2 社区公共财政经费来源单一，社区公共服务发展不可持续

众所周知，社区公共服务或产品是体现社区建设的重要方面之

---

① 王戍蓉，梁春玲，张兰."居财街管"打造社区财务管理新模式［J］. 中国财政，
2009，（23）：76.

一，也体现了社区提供基层民生保障的能力，因此，社区公共服务的持续性发展是实现我国城市居民美好生活向往的现实途径，特别是要为新型城镇化过程中城市吸引的人口提供保障，进一步说是影响城市社区人口流动后是否能够定居在某一个城市社区的关键因素之一。然而，社区提供的公共产品或服务本身具有较复杂的属性，有些是公益性质的服务，但还有些可以是私人性领域与社区合作提供给居民的，因此资金的来源结构比较复杂。这些年以来，我国社区的资金筹集主要是通过"地方政府划拨为主，社会支持为辅"的方式实现，中央政府对社区建设进行拨款更多地是考虑到社区服务的均等化，毕竟国家幅员辽阔，各地区发展差异较大，地方政府拨款的资金差异也很大。中央政府的拨款对于社区建设资金上是一次补强，中央—地方政府共同支持社区的模式，在社区建设过程中也起到了关键性的作用，但是这部分经费往往更多的是为了解决群众反映强烈的、事关社会稳定的重大突出问题，比如社区警务的全面布局，还有社区基本卫生服务是作为一项重要的民生工程伴随社区建设全面铺开等，而对于完善社区服务项目，提供多元化公共产品或服务，诸如社区养老、社区教育、社区就业技能培训等，则未能得到经费的保障。另外，民间资本的投入目前看来十分有限，社区从民间筹资的金额数量不足，这种主要依靠政府划拨资金的情况也就造成了一些负面的作用。最大的负面作用便是政府几乎成为社区建设过程中的唯一资金供给方，居民自身的实际需求无法通过社区民主的方式确认，并由居民或者社会力量筹集到相应资金得以解决，使得已有的社区服务无法满足城镇化进程中社区居民的多样化需求，更不用说地区经济发展不平衡导致社区建设呈现出的两极分化现象。

因此，现阶段的社区建设，社会资金还有很大的潜力可以挖掘，特别是通过有效的机制，对接社会资金，让社区居民通过这个机制实现自我服务，使得社会资源更有针对性、可持续地使用在社区服务的建设上。

7.2.3 长期单向的经费结构，不利于社区居民自治精神的培育

我国改革开放以来，社区的发展一直都是以政府的推动为主，政府也是社区建设资金的主要供给者，本应该由政府、市场和社会三方面形成的社区治理，却更多的是呈现一种"自上而下"的行政化模式，社区的各类设施配套、社区的服务项目基本上都是在行政主导下被完全纳入单一的政府财政供给范畴，社区建设具有了浓厚的标准化程序，政府财政经费的拨付也是呈现同一化、同质化的特点，经费拨付大部分来源于政府部门，致使社区对政府的拨款产生了依赖性，社区工作人员往往更注重政绩考核的指标，形成了"只对上级负责"的工作思维模式，社区干部对社区居民的多样化需求没有进行妥善考虑，本应该是"自治性事权"的被认为是"制度性事权"，日常工作中经常忽视居民的意见，更不要谈积极主动回应社区居民对城镇社区生活的诉求了。长此以往，社区居民对社区事务的参与性逐渐下降，对基层的民主有效性产生怀疑，社区自治的精神受到严重的损害，社区自治功能甚至会消磨不见，城镇的新进居民也就无法真正融入社区生活，推进城镇化实现城市人口的增长也就成为一纸空文。

就目前二三线城市社区建设的情况来看，"由上而下"的社区建设行政路线非常通畅，但是"由下而上"的渠道受到制度、机制的限制，笔者在前面探讨了建立"社区群"，通过这个组织，通过

社区居民自需项目建立起社区、市场和社会组织的有机联系，在地方政府财政支持社区建设、维持社区日常运行的基础上，积极调动社区居民的参与热情，培育社区自治精神，为社区服务长期良性发展奠定基础，这一点其实也从侧面印证了社区群运转流程的可行性。

7.2.4　财政对社会组织参与社区建设的支持力度不够

前文阐述过社会组织的重要性，笔者认为社会组织将是社区建设路径的"路型"。尽管 2016 年底，社会组织的数量达到 70.2 万个，仍然处于起步阶段，各方面条件也比较稚嫩，政府对社区组织的支持还有很大的提升空间，社会组织一定能够对我国日后社会发展承担更多的责任，这一点是毋庸置疑的。

一般说来，社会组织的收入来源主要有四个方面，分别是政府财政资助、政府购买公共服务、社会慈善捐赠和会员费。对于政府而言，直接资助和购买公共服务属于政府财政方面扶持社会组织的手段。其他国家的相关统计数据显示，政府财政资助是社会组织的主要资金来源。根据约翰·霍普金斯对 39 个国家或地区的社会组织调查发现，[①] 20 世纪 90 年代末英国社会组织的收入有 47% 来自政府，进入 21 世纪之后，支持力度更是有增无减，2004 年社会组织收到政府 66 亿英镑的财政资助，尽管 3/4 的社会组织并没有得到这笔资金支持，但是在得到资金的 25000 家规模较大的社会组织

---

① 莱斯特·萨拉蒙等. 政府向社会组织购买公共服务研究——中国与全球经验分析［M］. 北京：北京大学出版社，2010.

中，其75%的资金收入都是来自英国政府的这项资助，政府资金投向是非常明确而坚定的，当然，对于数量多、规模小的社会组织，英国政府特意创建了一些扶持机制，例如内阁办公室直接出资支持的"基层资助"项目，主要由社区发展基金会负责运作，专门向基层社会组织提供小额和长期的资金帮助，2010年前后该基金的规模已经达到1.3亿英镑。在德国，社会组织收入中大约64%的比例来自德国政府，2004年澳大利亚社会组织收入中31%来自澳大利亚政府的直接资助。

而从我国的实际情况来看，2013年以来，中央财政每年拿出2亿元用于专项支持社会组织参与社会服务项目，这一笔资金确实起到了一定的引导和带动作用，但是，与2015年我国社会组织全年累计支出2383.8亿元相比，[①] 很明显中央财政的资金就是杯水车薪了！况且实际过程中，政府的资金大部分还是投向了事业单位、基金会或由政府支持的大型社区社会组织，真正能够用在社区社会组织的数量就少之又少了。另外，慈善捐赠资金较少，2015年各类社会组织仅接收捐款610.3亿元。在这样的现实背景下，数量最多、规模较小的社区社会组织能够得到政府和慈善捐赠的资金就更难了。

在政府采购公共服务方面，2013年以来，随着政府职能的转变，以及党的十八届三中全会后全面深化改革的推进，政府购买服务已经成为社会建设过程中运用最为广泛的政策工具之一，一方面得益于中央政府的强力倡导和直接推动，另一方面也是由于购买服务已经初步形成了自上而下的较为完备的政策操作体系。很多地方政府改革都把向社会组织购买一系列服务作为政策措施之一，把扶持社会组织的发展作为政策的价值导向，通过这项政策向社会组织

---

① 笔者根据国家统计局《中国统计年鉴》中相关数据整理得来。

输送了大量的财政资金，对改进社会组织的发展起到了比较积极的作用。然而，购买服务的内涵不仅包括服务的提供，还有培育和扶持社会组织这一深层内涵，以价值为导向一味地投入资金可能会出现资金的浪费和产生腐败。当拨付的财政资金与社会组织申请的资金额度存在较大差异时，往往社会组织会在服务中弄虚作假，甚至有转包服务项目或者中途停止服务项目的情况出现，因此，一方面是在政府的引导下，社会组织自身的发展非常重要，另一方面社会组织与社区建设的对接同样非常重要。

在政府推进社会组织服务能力提升的实际过程中，社会组织承接服务的能力还存在很大的提升空间。在社会组织数量、规模、专业素质、组织治理、独立运作能力、筹集和整合社会资源等方面都明显存在能力严重不足的现象，这些因素又往往是影响社会组织承接政府购买服务工作的重要因素。社会组织目前严重依赖政府提供的资金，更注重其使用的规范性，有时候甚至超过了对服务效果的关注。购买服务最终还是体现在社区服务的项目上，社区居民的获得感会更加真切，但由于社会组织对资金的关注往往远高于提供服务本身，导致其易于造假、注重形式，加之本来居民的参与度就较低，很多社区居民反映没有参与的动力和价值，或者是根本就不了解社会组织在社区里面还有如此活动，因此社会组织最初想要改善服务提供的活动往往都得不到应有的效果。另外，政府在购买服务过程中的项目审核以及评估验收都面临着相应的技术和管理方面的能力不足问题，加之能够依靠的、具有成熟专业技术的第三方评估机构数量也非常少，政府过多地依靠这仅有的几个第三方机构，容易导致第三方机构与承接读物项目的社会组织形成"共谋"，瓜分掉政府的资金，从而保障不了服务的供给。这些原因，都使得政府对于进一步加大资金的投入瞻前顾后，对于社会组织的培育和引导也是产生了负面影响。在我国现有的制度机制下，要更多地依靠政府购买服务去推动某一领域的发展，但从社会组织目前的发展阶段来看，政府想要扶持却又不敢扶持，处于一个尴尬的进退两难之中。

7.3　财政支持社区建设的相关设想

从前文的分析中不难看出，社区公共财政现状明显存在社区运转行政化、财权事权不匹配、财源单一和社会力量参与薄弱等问题。同时，我们必须认识到，当下阶段，我国社会转型快速发展，经济转型升级持续发力，这个过程肯定会带来许多问题，正视问题寻求解决方案是我们不懈追求的目标。在更多居民需要走进城市社区、现有城市社区居民融入社区生活的大趋势下，社区的服务提升无论是理念上还是实际中都已经是我国当前所面临的最迫切的问题，而财政是我国治理的根本，是全面实现现代化国家的重要抓手，财政支持社区建设的作用无可替代。毕竟每一个城市的社会问题各不相同，社区发展千差万别，社区建设和社区服务明显不平衡，为进一步发挥财政在社区建设过程中的作用，笔者在此从财政的角度提出 3 个导向性的解决设想。

7.3.1　短期内保障双重事权的有效履行，逐步增强社区公共财政筹资模式

短时间内，我国社区的二元属性特征不会立即消失，也就是说我国的社区在短时间内还要继续承担基层行政组织的相关任务，体

现党和国家的具体意志，同时还要反映基层群众性组织的特点，为社区居民百姓谋取相关公共利益。因此，自上而下委派的"制度性事权"和自下而上动议的"自治性事权"还会持续同时并存，仅仅依靠政府拨款的单向式筹资模式显然不是长久发展之计，在认识到"自治性事权"需求的前提下，积极引入社会力量（如社会组织）通过前文讨论过的社区群项目参与社区建设，吸引私人部门的资金或者是政府购买服务形式顺利对接社区服务等项目开展，这样既可以培育更多有成长空间的社会组织，又能进一步增强社区自治性事权，此消彼长，行政色彩的制度性事权也会逐步减少。具体的"制度性事权"和"自治性事权"范畴应根据当地政府的实际财力可支持的基本公共服务项目逐一区分，地方政府可以随着社区群项目建立而对社会组织提供相应资金支持，或者是通过社区群挖掘基层自主性的融资渠道支持社区群项目的开展，如此，居民参与社区群项目的效果将逐步显现，从而以民主的形式解决社区居民的共同利益需求，实现社区事务的自主化发展，同时"制度性事权"内的产品和服务个数应该会逐步减少，"自治性事权"范畴得到不断扩容，筹资模式由单一的政府拨款转化为政府、社会、社区三方面共同出资参与社区建设的局面，从而避免"制度性事权"包揽社区一切服务项目，也使公共财政更加优化、高效地投向社区发展真正所急需的项目，最终"自治性事权"能够绝大部分承担社区事务，充分调动居民的参与积极性，促进居民融入社区发展。

7.3.2 财政支持政府购买服务，促进社会力量积极参与社区建设

社会组织的参与，特别是融入社区服务供给，是当前较为可行

的社区建设"路型"。当前发展形势下，纯粹依靠社区自身力量的确已经很难满足人民对美好生活的向往，但是社区组织具有更大的灵活性，更贴近社区居民的实际需求，提供的服务可以延伸到社区的每一类人群，特别是新进城居民，覆盖到他们每一个人，这样就比政府提供的服务更加直接有效。另外，政府购买一直以来都是我国克服种种发展困难的强有力手段之一，政府购买项目相应能够吸引更多的社会资本跟进投入，因此通过政府购买形式可以引导更多社会组织参与社区实践，其所能提供的服务涉及面广，涵盖社区居民需求的各个层面，有利于充实社区居民的生活，相应弥补政府公共服务供给数量、质量不足的缺陷，可以对那些地方性的、达不到政府制度化或者规模化要求的公共服务供给起到很好的补充作用，尤其是社区养老等急需解决的社会问题，当地社会组织基于当地社区实际情况提供相应服务，这样既能够减轻政府的事务性负担，缓解治理的压力，同时可以实现社区服务供给的渠道精准化、主体多元化、方式多样化，切实有效解决各地区不平衡的社区发展问题。同时这也说明财政在社区治理中发挥着支柱性的作用，通过财政可实现政府职能的转化，地方政府可把握财政资金的流向带领着社会力量参与社区建设。

7.3.3　放宽社区公共财政限制，放权社区群

前文讨论得出，政府财政资金投向社区缺乏精准性、有效性，并且这部分资金的额度往往有限，各项社区事业常常面临经费短缺的窘境。但是，本书提出建立"社区群"，是主要考虑到相邻社区具有同质性，"村转社"居民不断增长的、变化的需求能够通过民主的方式表达，促进社区居民融入城市社区生活。试想通过社区公

共财政制度的创新，赋予社区群一定程度的财政自主权，当社区居民通过民主提议的项目在"社区群"立项时，社会组织或其他社会力量可参与讨论项目立项的可行性，"社区群"还可寻求企业或市场资金的合作，展开合作意向洽谈，充分挖掘社会的各种资源，使更多力量介入"社区群"相关项目的开展。之后以民主、自愿性原则为指导，对筹集的资金报上级管理部门进行定期审计，社区居民代表大会对资金进行审议和执行监督权，保证社区群按照立项初期的民主动议在阳光下进行资金支配和使用，在制度层面确保资金收支的严肃性和合规性，同时确保社区群自筹资金与社区居民实际需求无缝匹配，政府不再具体参与这一系列过程，仅保留其原则性的指导作用。长此以往，社区建设将逐步摆脱对政府财政资金的依赖，有利于纠正社区职员的政绩化倾向，调动多方面资金投入社区建设，也使得社区建设的实质内容是基于社区居民的需求，这有助于培育社区精神，增强社区居民的获得感。

第8章

结论与展望

本书在总结国内外相关研究成果的基础上，从财政学的视角出发，探讨新型城镇化与社区建设的理论基础，明确新型城镇化对社区建设的要求，并分别对三个城市社区进行了实证性研究，分析了我国二三线个别城市在新型城镇化进程中的社区建设现状，总结其特点，特别是针对社区各内部组织进行了分析，以寻求我国城市社区建设的路径，最终结合社会实际探索社区公共财政问题并提出了社区建设中组织构建的建议。

8.1 主要研究发现和结论

社区建设是中国社会发展历史过程中实现社会治理的伟大实践，是中国共产党带领全国人民全面建成小康社会、加速实现社会主义现代化，并实现中华民族伟大复兴的必经之路。党的十九大顺利召开，在大会报告中，习近平总书记明确指出需要"打造共建共治共享的社会治理格局"。在社区建设方面，着力"加强社区治理体系建设，推动社会治理重心向基层下移，发挥社会组织作用，实现政府治理和社会调节、居民自治良性互动"。本书主要研究结论如下：

8.1.1　政府主导是多元化社区建设的主体

根据西方经济学的理论和欧美发达国家的经济实践，我们可以看出，政府和市场的有效结合是提高资源配置效率的必经之路。社区尽管是城市居民的一个生活共同体，是居民高度自治的场所，但是政府肯定不能成为社区建设的看客，特别是经历过计划经济年代，笔者认为，我国政府对社区建设的主导地位现阶段绝对不能动摇。社会资源"由上而下"的分配调控使得城市政府在资源配置过程中起到主体作用，社区建设与发展日后对社会资源的需求与将日俱增，作为资源调控的主体，在未来的社区建设过程中政府的扶持是不可或缺的，通过政府的行政力量调配相应的资源，同时发挥其主导地位作用，实现"由上而下"的精准供给，同时逐步引导社区形成自治的工作理念，促进多元化社区建设成为一种行之有效的可持续发展方案。

社区基础化建设、社区组织化建设和社区服务体系完善化建设各个阶段都与政府息息相关，公共部门的发展本身就不是对市场的绝对替代。在社区建设各阶段的前期，政府的主导只会促进各项政策的落实，毕竟政府掌握着国家或者地区社会发展的一手信息，而信息对社区建设有着直接影响，在当今的大数据时代，政府作为信息的来源，对社区建设起到引领和推动的作用。总体说来，政府不单是从宏观规划、组织协调和财力支持等方面起到积极作用，更主要的是通过相关政策和制度实施引导社区各级组织、社区居民、社会力量参与到社区各项事务中去。

在多元化社区建设中，社区公共服务应对新进城镇居民的需要实现面和点的覆盖，再结合党的十九大精神，社区不仅要提供更多的产品或服务，更要提高产品或服务的质量，改进提供的渠道，提升城镇居民对当地城镇社会生活的融入程度，最终实现定居。在现阶段，我国政府在公共服务中的主导作用也是无法撼动的，因此本研究认为政府是多元化社区建设中一个非常重要的主体，"强政府"将逐步把公共产品或服务交由私人部门或者社会组织实施，使社区服务这一社区建设的抓手充分发挥其在社会主义市场经济中的激励作用。在社区相应需求的确定过程中引入社会组织或社会资金，不仅有利于解决政府精准提供公共产品的困难以及缓解财政的压力，而且有利于培育社会组织，增强社会组织的竞争能力，提高公共服务的质量，让留下来的新进城镇居民最终融入当地城镇生活。应肯定政府的主导地位，并整合协调市场、社会、个人等多重力量，两方面齐头并进，为实现多元化社区建设奠定基础。

还有一个更重要的部分，就是社区党组织。党组织应体现其先进性，以服务群众作为导向，深入群众，通过服务参与社区事务，凝聚城镇居民，体现政府主导的社区建设多元化，党组织的参与也可以保证社区建设走上正确的发展方向。

8.1.2　社会力量是社区建设高质量发展的助推器

在社区建设中政府占主导地位，并不意味着只有政府承担社区建设，"强政府强社会"的发展需要更多高质量的社会力量投身社区建设中。社会力量参与社区事务主要是通过社区自治组织和社会组织团体等，重视社会力量、利用社会力量建设社区也可以从根本上体现以人为本这一理念。前面已阐述过，我国社区建设和西方最大的不同在于我国是先由政府推动社区建设，再发展社区组织来解决城镇社会问题，经过二十多年的发展，社区服务设施建设逐步完成，组织建设已是刻不容缓。注重培育社区自治组织，并使党组织深入社区自治组织发展过程，应该成为当前社区建设的重要议题。

社会力量的参与，不仅能够节省政府行政部门的时间和精力，使其能够在一个更加宽松的环境中专注于引领社区建设的工作，而且可以充分调动社会力量，更好地完成政府部门难以有效完成的任务。社区自治组织和社会组织团体若能够高质量地提供百姓所需公共产品或服务，政府作为幕后的管理者，考核合格之后再用相应财政资金进行偿付；倘若不符合社区建设过程中的实际所需，社会组织就需要进行整改。通过这样一个机制，自治组织能够得到充分的发展，提供高质量的公共产品或服务也就顺理成章。中央政府主要提出指导性的意见和建议，地方政府给予社会力量一定的活动空间和创造性解决问题的指引，从而使社会力量得到培育，能真正满足城镇居民需求的社会组织成为提升社区建设高质量发展的助推器也就毋庸置疑了！

8.1.3 "社区群"是社区建设的集成器

新型城镇化要求社区建设实现"人的城镇化"，从公共产品理论结合实证分析来看当前社区建设，政府对于公共产品的供给无论在数量上还是质量上都无法在当下迅速发展和急速转型的社会中顾及每一个居民。我国人口的大范围流动，城乡居民的不停转换，公共产品选择理论告诉我们，进城居民有可能由于无法融入城镇生活最终离开城镇，新型城镇化在数量上也就无法完成自己的目标，吸引并留住城镇居民在社区，并通过社区进一步在经济、政治、社会互动、文化心理等方面融入城镇生活，与新型城镇化发展相契合。

由此，"社区群"主要是致力于畅通居民诉求的有效表达渠道，最终使其融入城镇生活。"社区群"为个别群众提出需求创造了条件，社区作为社会最小单元，从某种程度上说过于微观，集结同区域一定数量的社区形成的"社区群"，能够体现居民需求的同质性，形成一定规模，使这些需求得到满足，并避免重复，提升效率，特别是为在新型城镇化发展过程中陆续新进城镇的居民提供表达个人诉求的渠道，为照顾这一群体提供机制上的保障。

"社区群"的运转能够很好地体现政府引导多元社区建设这一主体思想，集成各方面的资源，为"强社会"提供可能，因为在确定城镇居民需求的过程中，社会组织等就已经参与协商和决策，经过筛选确定的社会组织完成"社区群"需求项目后，会得到社区居民的集体评估。"社区群"还体现了社会治理重心向基层的下移，加上发挥社会组织的作用，"社区群"可以实现政府治理和社会调节、居民自治的良性互动，为实现"人的城镇化"提供了机制上的保障。

更进一步说，某种程度上私人需求也可以通过社区群这一集成器找到对应的社会资源，实现部分城镇居民的个人需求和社会资源供给的精确匹配。

8.1.4 财政是社区建设的根本保障

政府需要借助社区建设实现社会治理，社区建设需要政府提供足够的财政支持，无论是直接的还是间接的。研究表明，社区二元属性会衍生出社区运转行政化、财权事权不匹配、财源的单一和社会力量参与社区事务薄弱的问题，"自上而下"委派的制度性事权和"自下而上"动议的自治性事权在未来较长一段时间的社区建设中必将并存，继续依赖单向的财政筹资模式显然无法支持新型城镇化发展背景下社区建设的可持续发展，通过配合"社区群"这一组织机制，逐步允许社会力量参与社区事务的评议协商，允许其资金进入社区群有关项目的建设，用财政资金支持参与"社区群"项目的社会组织，具有竞争力的社会组织通过获得财政拨款参与社区项目建设，从而保障"制度性事权"得以实现，这一机制不仅可以贯彻国家的意志，还可以缓解政府以及社区的事务性压力。长此以往，财政资金可培育更多有实力的社会组织，帮助其成长，同时增强社区"自治性事权"，此消彼长，具有浓厚行政色彩的"制度性事权"必当逐步减少，财政在国家治理中的作用再一次得到验证。另外，社区群收集群众确认的需求后，应当鼓励社区积极拓展各自的融资渠道，利用私人部门和市场的资金满足"自治性事权"，地方财政难以保障的这部分社区服务内容，就更应该发动社区基层自主寻找办法加以解决。社区建设资金来源由单一的政府拨款转化为政府、社会、社区三方共同筹资，避免了"制度性事权"包揽社区一切服务项目造成的大量无人问津的社区事务比比皆是的局面。自主性筹资的增加也使公共财政可以更加优化、高效地投向社区发展真正急需的方面，最终"自治性事权"能够涵盖绝大部分社区事务，并充分调动居民的参与积极性，促进居民融入城镇社区生活。

相应地，地方政府和社区应该根据当地具体情况，将有关公共产品或服务项目逐一列入"制度性事权"，不在这一范畴内的其他服务或产品，则纳入"自治性事权"体系，并伴随新型城镇化的发展，定期更新相应事项清单。这有助于明确事权的划分，逐步改善财政支出结构中"建设财政"的特点，将地方政府财政资金更准确地用于社会性公共产品或服务领域。本该由市场发挥作用的领域，赋予社区一定的自主权，就地发动城镇社区居民筹措资金，经过民主动议支配和使用这笔自筹资金，政府仅提供相应原则性的指导，不以实际参与项，事后交由审计部门以及社区居民代表大会进行专项或定期审计，在制度层面上规范自筹资金的收支，提高城镇居民的自主精神和社会意识，增进城镇居民社会融合的程度。

在某种程度上，这也就从财政的角度论证了本研究提议建立"社区群"的必要性，为基层居民有效表达各自需求提供了一条路径，为"由上而下"的社区建设和"由下而上"的社区建设找到了一个"集成器"。在财政的引导下，社区事权结构发生了转变，梳理后的"制度性事权"转向"自治性事权"，也使得政府财政进一步调整资金结构，从原来"由上而下"地拨款应对制度性事务，转变为将资金投向与居民所需求领域匹配的社会组织等，实现政府职能的转变，发挥政府在社区建设中主导者的角色，而"社区群"可作为整个事权结构发生变化的"转换器"，一旦到"社区群"这里便能明辨究竟属于哪一种事权。

8.1.5　城镇居民是社区建设的本源

欧美社区发展历程深刻地说明居民参与对社区建设是何等重要。我国社区建设是在政府主导下，逐步转换形成"强政府强社会"模式下的社区治理，社区自治活动是需要社区居民的参与。社区建设中的组织建设，最离不开的也是居民，城镇居民是组织建设中最基本、最核心的单元，社区的发展离不开城镇居民的参与和认同。农村进城务工人员平均文化程度不高，对社区归属感和认同感缺失，缺乏相应的专业技能，这都制约着社区事务顺利完成的可能性。人的城镇化前提是要实现人的社区化，当前，社区的地位尚未完全确立，社区组织建设尚不完善，社区应该关注区域内各类居民的特点，尽可能消除居民对社区存在的误解，积极引导、动员、培育居民的社区自治意识，坚持"以人为本"的基本原则，联合社区党组织，最大限度地激发城镇居民的干劲，使部分人投身社区建设的实践中，投身社会组织、志愿者队伍，提升社会力量的专业性服务能力。剩下的一部分社区群众，则应努力完善自身的社区意识，积极融入城镇生活，实现人的社区化，最终实现人的城镇化。

8.2　研究局限与展望

8.2.1　研究局限

本研究采取理论和实证相结合的研究思路，对我国二三线城镇社区居民基于社会融合考量维度进行了较为系统的问卷调查与分析，取得了一定的实证成果，并依据存在的问题提出了社区组织建设的相关建议，但是研究仍然存在着不足和局限，希望日后的研究能做出进一步的改进。

1. 实证调查问卷选择的城市数量有限

本研究仅选择三个城市，虽然分别是来自东中西部地区，但是仍然无法代表我国类型不一的城市。另外，深入研究分析的难度较大，收集数据的工作量更是庞大，因此笔者仅收集了 330 份调查问卷，无法涵盖所有类型的社区及城镇居民全面的社区生活情况。

2. 研究使用数据为截面数据

实证分析时使用的数据是 2017 年的调查数据，所得到的数据是当时某时间点上的截面数据，但社区居民特别是社区新进居民（"村转社"居民）是流动的，正是因为人口存在着流动性，一部分居住意愿不强的社区居民可能会离开所在城市，回到各自的家乡，而留在城市的社区居民是较好适应城镇社区生活的个体。截面数据对所研究的社会现象存在一定的偏差，因为其更偏向于调查结果的方向。日后本研究的研究方式上可以考虑在某一城镇社区跟踪一批"村转社"居民，同时跟踪研究一批来到城镇生活却又离开城镇回到农村的居民个体，研究他们在新型城镇化背景下的社区建设过程中，对社区以及城镇生活的融入是否实现了"人的城镇化"，探索这些代表性个体在同一社区不同时期对社区建设的看法，分析回到农村的个体生活的变化，以及他们对城镇社区生活的评估，在某一连续时段内探讨这部分居民未来居留城镇的意愿和融入城镇生活的程度，以佐证"人的城镇化"这一核心思想是否贯彻到位。

3. "社区群"提议的理论依据不够充分

研究中有关"社区群"的具体划分原则、区域涵盖社区多少等量化信息，没有实际运算得出；某一座城市社区间是否需要建立"社区群"的必要性没有得到充分说明；"社区群"的理论仅仅是依据公共产品选择理论以及实证调查结果推论出来，有关必要性以及建立的原则都未充分展开阐述。

8.2.2 研究展望

针对本研究理论和实证分析中存在的局限，以及我国目前的实际情况，对于下一步研究的展望如下：

第一，本研究仅仅考虑到将人作为主要的关注点，特别是关注"村转社"居民对社区的认知和认可，将分析结果用于社区组织的构建，以便提供更高质量的公共产品或服务。本研究是一次尝试性的探讨，研究者对相关学科理论的研究不够透彻，运用不够灵活，因此后续研究中将要继续学习领悟相关理论。此外，还要关注已经定居3年以上的城镇居民，分析影响其融入城镇生活的因素是否得到改善，进一步促进"人的城镇化"这一中心思想在社区建设过程中的发展。

第二，"社区群"可在深度理论研究之后，探索其在实际中的可行性，尝试在某一城镇社区进行实践性研究，并将过程记录在案，这也是本次研究最终目的。但是在理论探索方面，社区群的组织架构和职能可能需要进一步研究，以便在社区真正实现"自下而上"这一渠道的畅通，从而实现社区建设"上下合作"的模式，结合各方力量，实现多元化社区建设的发展。

第三，党的十九大报告明确提出要"加快建立现代财政制度，建立权责清晰、财力协调、区域均衡的中央和地方财政关系"。对于社区建设这一领域中社区公共财政、地方财政、中央财政的关系，由于社区目前的"二元属性"，具体事权、财权所对应的事务性体系是什么，亦或者说原则性的划分细则又是什么，还是值得进一步仔细探究。

附录

新型城镇化背景下社区
居民现状调查问卷

尊敬的女士/先生，您好！

现正在进行一次有关城镇居民对城镇社区建设课题研究的问卷调查，本次问卷以初步了解社区当前真实状况为目的，问卷采用匿名作答方式，其作答的结果仅用于本课题相关科学研究。感谢您在百忙之中完成本次问卷！（请根据您的实际情况将认同的答案填入预留的［　　］中，或在_____中书写下您的真实想法，谢谢!）

受访者性别［　　］①男　②女

受访者居住在［　　］①济南市　②常德市　③成都市

受访者是否从村委会转到社区［　　　］①是　②不是（要求控制选项①和②回答人数比例为6：4）

■ 婚姻状况［　　］（只选1项）：①已婚　②单身　③离异④丧偶

■ 您目前的职业［　　　］（只选1项）：

①社区工作人员　②公司、企业、商业、服务业人员　③专业技术人员　④公务员　⑤在校学生　⑥离退休人员　⑦其他

■ 您所在的单位是［　　　］（离退休人员请填写离退休前的单

位，只选 1 项）：

①国家机关　②国有企事业单位　③民营私营合资单位　④基层群众组织及社会团体　⑤其他＿＿＿＿＿＿＿＿＿＿

■ 您个人的月收入 ［　　］（只选 1 项）：

① 500 元及以下　② 501～1500 元　③ 1501～2500 元　④ 2501～3500 元　⑤ 3501～5000 元　⑥ 5001 元及以上

1. 您居住在哪种类型的小区？［　　］（只选 1 项）

①商品房　②经济适用房　③单位集资房　④老城区旧居住宅⑤其他＿＿＿＿＿＿＿＿＿＿

2. 您在这个小区居住了多少年？［　　］（只选 1 项）

①不到 1 年　②1～3 年　③3～5 年　④超过 5 年

3. 您在这个城市居住了多少年？［　　］（只选 1 项）

①不到 1 年　②1～3 年　③3～5 年　④超过 5 年

4. 您对目前居住的房子是否拥有产权？［　　］（只选 1 项）

①有　②没有

5. 您的户口是否已经转到目前居住的地方？［　　］（只选 1 项）

①是　②不是

6. 您认为城镇社区建设与本人的关系 ［　　］（只选 1 项）

①非常不密切　②不太密切　③一般　④比较密切　⑤非常密切

7. 在您的社区内是否存在以下形式的自治组织？［　　］（可多选）

①业主委员会　②居民委员会　③楼长　④物业管理　⑤居民代表委员会　⑥我不知道任何形式的自治组织　⑦其他（请注明）

8A. 您是否满意所在小区的业主委员会？［　　　］（只选 1 项）

①非常满意　②满意　③一般　④不满意　⑤不存在业主委员会

8B. 您是否满意所在小区物业管理公司所提供的服务？［　　　］（只选 1 项）

①非常满意　②满意　③一般　④不满意　⑤不存在物业管理公司

9. 您是否参加过非政府组织和非营利组织举办的社区活动？［　　　］（只选 1 项）

①参加　②没参加

10. 2016 年您或您的家人是否参加过居民委员会议或居民代表会议？［　　　］（只选 1 项）

①是　②否

11. 您认为社区服务站或社区工作站对您的城镇生活［　　　］。（只选 1 项）

①帮助很大　②有所帮助　③一般　④帮助不大　⑤没有帮助

12. 您是否了解本社区居民委员会的工作情况？［　　　］（只选 1 项）

①非常不了解　②不太了解　③一般　④比较了解　⑤非常了解

13. 您希望主要通过什么途径了解与本社区有关的信息？（可选择 3 项并根据其重要性依次排序）　第一重要的是［　　　］第二重要的是［　　　］第三重要的是［　　　］。

①社区公开栏　②社区网站　③住宅门口或楼道的通知、告示等　④社区微信公众号　⑤熟人相互告知　⑥社区干部、居民代表、居民小组长等告知

14. 您认为社区居民委员会与业主委员会之间应当是［　　　］。

（只选1项）

①领导关系　②指导关系　③平等合作关系　④没有关系

⑤其他＿＿＿＿＿＿＿＿＿＿＿＿＿＿

15. 您认为社区居民委员会与物业公司之间应当是［　　　］。（只选1项）

①领导关系　②指导关系　③平等合作关系　④没有关系

⑤其他＿＿＿＿＿＿＿＿＿＿＿＿＿＿

16. 根据您所在社区的实际情况，您所关心的主要问题是（可选择3项并根据其重要性依次排序）：第一关心的是［　　　］第二关心的是［　　　］第三关心的是［　　　］。

①环境卫生　②公共安全　③医疗服务　④物业管理　⑤开展科技、文体活动　⑥居民委员会选举　⑦公共服务的质量　⑧邻里和谐　⑨居民的基本社会保障

17. 针对以下各个责任划分，您认为哪一个是最适合的对此负责的组织：

A）您认为谁应该挑选以及监管物业管理公司？［　　　］（只选1项）

①居民委员会　②业主委员会　③街道办事处　④其他（请注明）：＿＿＿＿＿＿＿＿＿＿＿＿＿＿

B）您认为应该是谁来决定物业管理费的标准？［　　　］（只选1项）

①物业管理公司　②居民委员会　③业主委员会　④相关政府部门　⑤其他（请注明）＿＿＿＿＿＿＿＿＿＿＿＿＿

C）您认为应该由谁来收取物业管理费以及决定支出的范围？［　　　］（只选1项）

①物业管理公司　②居民委员会　③业主委员会　④相关政府

部门　⑤其他（请注明）＿＿＿＿＿＿＿＿＿＿＿＿

D）您认为应该是谁引导和监管业主委员会？［　　］（只选1项）

①物业管理公司　②居民委员会　③业主委员会　④相关政府部门　⑤其他（请注明）＿＿＿＿＿＿＿＿＿＿＿＿

E）如果没有业主愿意召集业主委员会，那么哪一方应该对启动业主委员会的形成而负责？［　　］（只选1项）

①物业管理公司　②居民委员会　③业主委员会　④相关政府部门　⑤其他（请注明）＿＿＿＿＿＿＿＿＿＿＿＿

18. 您是否同意业主委员会应该服从于社区居民委员会并作为其下属组织？［　　］（只选1项）

①同意　②不同意

19. 如果您遇到以下几个问题，您会选择寻求哪个组织的帮助？

A）小区的公共区域管理不善　［　　］（只选1项）

①物业管理公司　②居民委员会　③业主委员会　④街道办事处　⑤相关政府部门　⑥其他（请注明）＿＿＿＿＿＿＿＿＿

B）您邻居阳台装修违背了小区要求的标准　［　　］（只选1项）

①物业管理公司　②居民委员会　③业主委员会　④街道办事处　⑤相关政府部门　⑥其他（请注明）＿＿＿＿＿＿＿＿＿

C）如果小区内的饭店、摊位造成太大的噪音时　［　　］（只选1项）

①物业管理公司　②居民委员会　③业主委员会　④街道办事处　⑤相关政府部门　⑥其他（请注明）＿＿＿＿＿＿＿＿＿

D）当您发现您所居住的楼房在下雨天漏水时　［　　］（只选1项）

①物业管理公司　②居民委员会　③业主委员会　④街道办事处　⑤相关政府部门　⑥其他（请注明）＿＿＿＿＿＿＿＿＿

20. 据您所知，哪些社区服务项目是您现所在社区已经提供给您的？[　　] 哪些社区服务项目是您所期待提供的？[　　]（都可多选）

①事务受理中心　②社会保障服务　③计划生育心理指导室　④社区卫生服务　⑤党员服务中心　⑥爱国主义教育基地　⑦社区职业介绍所　⑧社区福利院　⑨文化体育活动室　⑩老年人活动室　⑪法律咨询服务　⑫信访接待处　⑬社区学校　⑭老年大学　⑮社区图书馆　⑯慈善基金会　⑰老年人协会　⑱残疾人服务中心　⑲其他（请注明）_____

21. 如果您可再次选择居住的社区，哪一个因素会起到决定性作用？（可选择 3 项并根据其重要性依次排序）第一重要的是 [　　] 第二重要的是 [　　] 第三重要的是 [　　]

①社区公共服务　②社区基础设施　③社区治安　④社区教育资源　⑤社区自然环境　⑥社区医疗资源　⑦社区地理位置　⑧社区生活便利性　⑨社区内亲朋好友数量　⑩社区居民人均收入相仿

22. 您认为今后城镇社区建设，应该重点解决哪些问题？（可选择 3 项并根据其重要性排序）第一最需要解决的是 [　　]　第二需要解决的是 [　　]　第三要解决的是 [　　]

①党支部与社区居民委员会的关系不清晰　②乡镇、街道与社区组织的关系未理顺　③居民大会和居民代表会议难以发挥作用　④社区干部的工作作风和腐败问题　⑤开展社区建设和居民自治经费不足　⑥居民论坛、社区听证会等的实效性差　⑦社区建设无法满足居民公共服务需求　⑧社区承担上级下派的任务过多　⑨居民对社区建设与居民自治关心不够　⑩业主委员会与物业公司、开发商的矛盾

23. 根据自己的真实情况与想法，阅读以下题目，在相应选项

后的数字上划"√"（请您不要错填或漏填）

	非常不同意	比较不同意	不确定	比较同意	非常同意
①您对当前居民参与的现状非常满意	1	2	3	4	5
②在社区参与方面，您认为自己还有许多地方需要改进	1	2	3	4	5
③目前社区各类组织在公共服务等方面已经做了许多努力	1	2	3	4	5
④您希望有更多机会参与社区民主决策、民主监督、民主管理	1	2	3	4	5
⑤您认为社区建设和您的日常生活相距太远	1	2	3	4	5
⑥您认为自己所在社区的相关信息发布及时、公开、主动	1	2	3	4	5
⑦您认为非政府组织或非营利组织需要更多参与社区建设	1	2	3	4	5
⑧您认为社区所能提供的服务是社区建设的关键	1	2	3	4	5
⑨与其他人相比，您参与社区建设意识是非常强的	1	2	3	4	5
⑩您对自己所在社区有强烈的归属感	1	2	3	4	5

24. 如果您之前居住地由村委会管辖，而如今居住在社区，请继续回答问卷，前往第 25 题；如果您一直就在社区生活，问卷调查就此结束，谢谢您！

25. 您更满意哪一个组织？〔　　　〕（只选 1 项）

①村委会　　　　　　②社区

非常感谢您对本次调研的支持！祝您的社区生活日益幸福安康！

参 考 文 献

A

[1] Anthony G. O and Jiang Xu (2009). "China's Post – Reform Urbanization: Trends and Policies", presented at the meeting "IIED – UNFPA Research on Population and Urbanization Issues". London, September 9 & 10, 2009.

B

[2] Bayley, David. 1994. "International Differences in Community Policing." pp. 278 – 285 in Dennis P. Rosenbaum, (ed.) *The Challenge of Community Policing.* CA: Sage.

[3] Barnett, A. D. (1953) "Social Controls in Communist China," Far Eastern Survey, 22, 5, pp. 45 – 8. Salaff, J. (1967) "The Urban Communes and Anti-city Experiment in Communist China," The China Quarterly, 29, pp. 82 – 110.

[4] Bray, David (2005). *Social Space and Governance in Urban China: The Danwei System from Origins to Reform,* Stanford: Stanford University Press.

[5] Brian H. Roberts. Managing System of Secondary Cities—Policy Responses in International Development. *Cities Alliance.*

[6] Burkett and Hart – Landsberg, (2004). "Contradictions of China's

Transformation：Domestic ", *Monthly Review*, Vol. 56 （3），pp. 55 – 80.

C

［7］ 蔡禾. 社区概论［M］. 北京：高等教育出版社，2005.

［8］ 才国伟，张学志. 农民工的城市归属感与定居决策［J］. 经济管理，2011（2）.

［9］ 曹华林，李爱国. 新型城镇化进程中"人的城市化"的动力机制研究［J］. 宏观经济研究，2014（10）.

［10］ 常铁威. 新社区论［M］. 北京：中国社会出版社，2005.

［11］ 陈柏庚，陈承明. 新型城镇化与城乡一体化疑难问题探析［J］. 社会科学，2013（9）.

［12］ 程必定. 中国应走新型城镇化道路［J］. 中国城市经济，2005（9）.

D

［13］［美］德鲁克基金. 未来的社区［M］. 北京：中国人民大学出版社，2006.

［14］ 董晓峰，杨保军. 宜居城市研究进展［J］. 地球科学进展，2008（3）.

［15］ 丁元竹. 加拿大的社区服务体系建设及对我国的启示［J］. 社区，2006（17）.

［16］ 丁元竹. 探索更方便、更舒心、更美好的城市发展与管理模式［J］. 人民论坛，2016（15）.

［17］ 丁元竹. 社区的基本理论与方法［M］. 北京：北京师范大学出版集团，2009.

F

［18］ 方明，王颖. 观察社会的视角——社区新论［M］. 北京：知

识出版社, 1991.

[19] 樊纲. 农民工早退: 理论、实证与政策 [M]. 北京: 中国经济出版社, 2013.

[20] 风笑天. "落地生根"——三峡农村移民的社会适应 [J]. 社会学研究, 2004 (5).

[21] Fulong Wu, Klaire Webber. The Rise of "Foreign Gated Communities" in Beijing: Between Economic Globalization and Local Institutions. Cities, 2004 (3).

[22] Fulong Wu. Rediscovering the "Gate" Under Market Transition: From Work – Unit Compounds to Commodity Housing Enclaves. Housing Studies. 2005 (2).

G

[23] 辜胜阻. 非农化与城镇化研究 [M]. 杭州: 浙江人民出版社, 1991.

[24] 辜胜阻, 杨威. 反思当前城镇化发展中的五种偏向 [J]. 中国人口科学, 2012 (3).

[25] Guthrie, Douglas (1997). Between Market and Politics: Organizational Responses to Reform in China. American Journal of Sociology; 102: 1258 – 1304.

[26] 顾朝林等. 中国城市化格局、过程、机理 [M]. 北京: 科学出版社, 2008.

[27] 郭星华, 李飞. 漂泊与寻根: 农民工社会认同的二重性 [J]. 人口研究, 2009 (6).

H

[28] 何金晖. 中国城市社区权力结构研究 [M]. 武汉: 华中师范大学出版社, 2010.

［29］何志扬．城市化道路国家比较研究［D］．武汉：武汉大学博士学位论文，2009．

［30］胡仙芝．积极培育社会组织　构建社会矛盾调解体系——以社会中介组织为视角［J］．国家行政学院学报，2006（6）．

［31］黄芳铭．结构方程模式理论与应用［M］．北京：中国税务出版社，2005．

［32］Heberer，Thomas（2009）．"Evolvement of Citizenship in Urban China or Authoritarian Communitarianism? Neighbourhood Development，Community Participation，and Autonomy"，Journal of Contemporary China，Vol. 18（61），pp. 491 – 515.

［33］Hyun Bang Shin. Driven to swim with the tide? Urban redevelopment and community participation in China. Center for Analysis of Social Exclusion（CASE），London School of Economics，February 2008.

J

［34］蒋经法，罗青林．社区财政制度的重构：背景、原则与设想［J］．当代财经，2012（8）．

［35］姜郸．美国社区治理中的政府职能研究［D］．哈尔滨：黑龙江大学硕士学位论文，2016．

［36］James Defilippis，Susan Saegert. Communities Develop，the question is how？［A］. James Defilippis，Susan Saegert（Eds）. The Community Development Reader［C］. New York：Routledge，2008：1 – 6.

［37］James A. Christenson. Themes of Community Development［A］. James A. Christenson，Jerry W. Robinson（Eds）. Community Development in Perspective［C］. Iowa State University Press，

1989: 26 - 47.

[38] Jeffreys, Elaine and Gary Sigley (2009), "Governmentality, Governance and China", in Elaine Jeffreys (ed), Governing Change, Changing Government, New York: Routledge, pp. 1 - 24.

K

[39] 康少邦, 张宁. 城市社会学 [M]. 杭州: 浙江人民出版社, 1986.

[40] 康宇. 试论社会转型期中国城市社区建设思路 [J]. 哈尔滨学院学报, 2007 (9).

[41] Koldyk, Daniel, 2010. "Central Plan, Local Jam: Reorganizing the Grassroots from Above", pp. 7 - 8.

L

[42] 雷亚琼. 转型中的城市基层社区组织——北京市基层社区组织与社区发展研究 [M]. 北京: 北京大学出版社, 2001.

[43] 李爱国. 新型城镇化背景下以人为本城市的评价研究 [J]. 成都理工大学学报 (社会科学版), 2014 (4).

[44] 李超海, 唐斌. 城市认同、制度性障碍与"民工荒"现象——长三角、珠三角和中西部地区实地调查 [J]. 青年研究, 2006 (7).

[45] 李程骅. 新型城镇化战略下的城市转型路径探讨 [J]. 南京社会科学, 2013 (2).

[46] 李东泉. 美国的社区发展历程及经验 [J]. 外国城市, 2013 (2).

[47] 李凤琴, 林闽钢. 中国城市社区公共服务模式的转变 [J]. 河海大学学报 (哲学社会科学版), 2011 (6).

[48] 李慧凤. 社区治理与社会管理体制创新 [D]. 浙江大学博士

学位论文，2011.

［49］李晶．中外基层财政收支的比较分析［D］．重庆：西南财经大学硕士学位论文，2007.

［50］李林，饶守艳．我国二三线城市中小企业发展困境与对策分析［J］．改革与战略，2016（8）.

［51］李丽萍，郭宝华．关于宜居城市的探讨［J］．中国城市经济，2006（5）.

［52］李立勋．广州市城中村形成及改造机制研究［D］．广州：中山大学博士学位论文，2001.

［53］李猛，周飞舟，李康．单位：制度化组织的内部机制［J］．中国社会科学季刊，1996（16）.

［54］李卫．社区社会组织公共服务供给研究——基于财政视角的分析［D］．首都经济贸易大学硕士学位论文，2013.

［55］黎熙元，何肇发．现代社区概论［M］．广州：中山大学出版社，1998.

［56］刘传江，郑凌云．城市化与城乡可持续发展［M］．北京：科学出版社，2004.

［57］刘立峰．对新型城镇化进程中若干问题的思考［J］．宏观经济研究，2013（5）.

［58］刘尚希．明确划分中央与地方财政事权和支出责任，破解"点菜"与"埋单"难题［E］．中国经济网，2016－10－27.

［59］刘尚希．我国城镇化对财政体制的额"五大挑战"及对策思路［J］．地方财政研究，2012（4）.

［60］刘伟文．"城中村"的城市化特征及其问题分析——以广州为例［J］．南方人口，2003（3）.

［61］刘武俊．让"居者有其屋"［J］．城乡建设，2008（4）.

［62］刘雪梅. 新型城镇化进程中农村劳动力转移就业政策研究［J］. 宏观经济研究, 2014 (2).

［63］陆伟明. 试论政府职能转变与社会中介组织的关系［N］. 人民日报, 2004 - 06 - 21.

［64］陆自荣, 徐金燕. 社区容和测量的去经济维度? ——简析 "整合" 与 "融合" 的概念功能［J］. 广东社会科学, 2014 (1).

［65］路风. 单位: 一种特殊的社会组织形式［J］. 中国社会科学, 1989 (1).

［66］侣传振. 从单位制到社区制: 国家与社会治理空间的转换［J］. 北京科技大学学报, 2007 (3).

M

［67］马丽敏. 19 世纪英国城市化与人口迁移［D］. 呼和浩特: 内蒙古大学硕士学位论文, 2007.

［68］马西恒, 童星. 敦睦他者: 城市新移民的社会融合之路——对上海市 Y 社区的个案考察［J］. 学海, 2008 (2).

［69］苗艳梅. 城市居民的社区归属感——对武汉市 504 户居民的调查分析［J］. 青年研究, 2001 (1).

［70］Marger M. N. Elites and Masses: An Introduction to Political Sociology. New York: Van Nostrand. 1981. 转引自蔡禾. 城市社会学: 理论与视野［M］. 广州: 中山大学出版社, 2003.

O

［71］欧阳力胜. 新型城镇化进程中农民工市民化研究［D］. 北京: 财政部财政科学研究所博士学位论文, 2013.

P

［72］Perry, Elizabeth (2010). "Popular Protest: Playing by the Rules", in Joseph Fewsmith (ed.), China Today, China Tomorrow：Domestic Politics，Economy，and Society，Lanham，Maryland：Rowman & Littlefield Publishers Inc.，pp. 11 – 29.

Q

［73］ 齐爽. 英国城市化发展研究 ［D］. 长春：吉林大学博士学位论文，2014.

［74］ 秦海霞. 从社会认同到自我认同——农民工主体意识变化研究 ［J］. 党政干部学刊，2009（11）.

［75］ 邱海雄. 社区归属感——香港与广州个案比较研究 ［J］. 中山大学学报，1989（2）.

S

［76］ 单菁菁. 从社区归属感看中国城市社区建设 ［J］. 中国社会科学院研究生院学报，2006（6）.

［77］ 单卓然，黄亚平. "新型城镇化"概念内涵、目标内容、规划策略及认知误区解析 ［J］. 城市规划学刊，2013（2）.

［78］ ［美］桑德斯著，徐震译. 社区论 ［M］. 台北：黎明文化事业股份有限公司，1982.

［79］ 孙晓青. 城市社区治理模式变迁研究综述 ［J］. 商业时代，2009（16）.

T

［80］ 田凯. 关于农民工的城市适应性的调查分析与思考 ［J］. 社会科学，1995（5）.

U

［81］ UN. Public Goods for Economic Development，UNIDO Publication，2008.

W

［82］ 王春光. 农村流动人口的半城市化问题研究 ［J］. 社会学研

究，2006（5）.

[83] 王孟晨 . 非政府组织参与城市社区治理研究［D］. 开封：河南大学硕士学位论文，2015.

[84] 王桂新，陈冠春，魏星 . 城市农民工市民化意愿影响因素考察——以上海市为例［J］. 人口与发展，2010（2）.

[85] 王薇 . 城市社区公共卫生供给与财政综合补偿研究——基于成都市微观数据分析［D］. 重庆：西南财经大学博士学位论文，2012.

[86] 王玉君 . 农民工城市定居意愿研究——基于十二个城市问卷调查的实证分析［J］. 人口研究，2013（4）.

[87] 王颖 . 上海城市社区实证研究［J］. 城市规划汇刊 . 2002（6）.

[88] 魏立华，闫小培 . "城中村"：存续前提下的转变——兼论城中村改造可行性模式［J］. 规划研究，2005（7）.

[89] 吴群莉，桑黎阳，李雨钊 . 农民工住房保障现状调查报告——以南京市为例［J］. 科技创新导报，2009（19）.

[90] 吴缚龙 . 中国城市社区的类型及其特质［J］. 城市问题，1992（5）.

[91] 吴晓 . "边缘社区"探察［J］. 城市规划，2003（7）.

[92] 吴坤 . 英国的社区发展与城市复兴（20 世纪～21 世纪初）［D］. 西安：陕西师范大学硕士学位论文，2008.

X

[93] 许经勇 . 新型城乡关系的基础——新农村与城镇化融为一体［J］. 西师范大学学报（社会科学版），2006（33）.

[94] 许学强，胡华颖，叶嘉安 . 广州市社会空间结构的因子生态分析［J］. 地理学报，1989，44（4）.

[95] 徐永祥 . 社区发展论［M］. 上海：华东理工大学出版社，

2001.

［96］徐勇．论城市社区建设中的社区居民自治［J］．华中师范学报，2001（3）．

［97］Xu, Yongxiang（2008），"Division of Tasks and Cooperation between Government and the Community：An Essential Condition for the Reform and Innovation of China's Community – Building System", Social Sciences in China，Vol. 39（1），pp. 142 – 151.

Y

［98］闫小培，魏立华，周锐波．快速城市化地区城乡关系协调研究——以广州市"城中村"改造为例［J］．规划研究，2004（3）．

［99］杨菊华．从隔离、选择融入到融合：流动人口社会融入问题的理论思考［J］．人口研究，2009（1）．

［100］杨菊华．流动人口在流入地社会融入的指标体系——基于社会融入理论的进一步研究［J］．人口与经济，2010（2）．

［101］杨黎源．外来人口社会关系和谐度考察——基于对宁波市1053位居民社会调查的分析［J］．浙江工商大学学报，2007，84（3）．

［102］杨新欣．城乡一体化进程中的社会认同问题研究［J］．广西社会主义学院学报，2009（4）．

［103］殷京生．论中国城市社会整合模式的变迁［J］．南京师范大学学报，2000（2）．

［104］悦中山，李树茁，费尔德曼．农民工社会融合的概念建构与实证分析［J］．当代经济科学，2012（1）．

Z

［105］朱健刚．国家、权利与街区空间——当代中国街区权力研究

导论［J］. 中国社会科学季刊（香港）.2000（2－3）.

[106] 邹晓燕. 济南市城市社区类型划分及管理模式研究［D］. 济南：山东师范大学硕士论文.2002.

[107] 邹辉明. 城市居民对社区认同感和归属感的调查与思考——以镇江市部分社区为例［J］. 学理论，2009（16）.

[108] 张大维. 中国共产党城市社区建设的理论与实践研究［D］. 武汉：华中师范大学博士学位论文，2010.

[109] 张丹. 和谐社区财政支持体系的完善［J］. 预计与决策，2008（3）.

[110] 张鸿雁，殷京生. 当代中国城市社区社会结构变迁论［M］. 南京：东南大学出版社，2000.

[111] 张鸿雁. 论当代中国城市社区分异与变迁的现状及其发展趋势［J］. 规划师，2002（8）.

[112] 张建明. 广州城中村研究［M］. 广州：广东人民出版社，2003.

[113] 张继焦. 差序格局：从"乡村版"到"城市版"——以迁移者的城市就业为例［J］. 民族研究，2004（6）.

[114] 张桂蓉，程伟波. 城市居民社区认同感与归属感的实证分析——以长沙市Y社区为例［J］. 长沙铁道学院学报（社会科学版），2006（3）.

[115] 张斐. 新生代农民工市民化现状及影响因素分析［J］. 人口研究，2011（6）.

[116] 张宋彦等. 浅析经济技术开发区建设对周边居民归属感的影响——以上海闵行经济技术开发区为例［J］. 世界地理研究，2010（4）.

[117] 张文宏，雷开春. 城市新移民社会融合的结构、现状与影响

因素分析 [J]. 社会科学，2008（5）.

[118] 赵旭，王钢. 农民工的城市住房问题研究 [J]. 特区经济，2007（8）.

[119] 赵煦. 英国早期城市化研究——从 18 世纪后期到 19 世纪中叶 [D]. 上海：华东师范大学博士学位论文，2008.

[120] 周霖. 城市资源配置：产权与制度、政府与农民关系研究——以浙江台州市"城中村"改造为分析对象 [J]. 福建师范大学学报，2004（3）.

[121] 周皓. 流动人口社会融合的测量及理论思考 [J]. 人口研究，2012（3）.

[122] 中国城市科学研究会、中国城市网 www. city188. net、南京大学城市与区域规划系、北京中城国建咨询有限公司：《宜居城市科学评价指标体系研究》，http：//wenku. baidu, com/link？url：tRmkmZaBTVNYeHco7jTHEc6nwzbdfm34cibl4 F-rkmHfsqkiJCUJobt3ZKI205sfupazWD8wzozm5FDW5fykZ8G223sjD uov8_cG3uu F79G，2007.

[123] 朱力. 论农民工阶层的城市适应 [J]. 江海学刊，2002（6）.

[124] Zhonghua Remin Gongheguo Minzhengbu 中华人民共和国民政部 [Ministry of Civil Affairs/MoCA]（2011），"Guanyu Jiakuai Fazhan Shequ Fuwuye de Yijian 关于加快发展社区服务业的意见"[Some suggestions regarding the acceleration and development of community services]，〈http：//zqs. mca. gov. cn/article/sqjs/zcwj/200912/20091200044461. shtml〉，accessed 15 April 2011.

[125] Zhonghua Remin Gongheguo Minzhengbu 中华人民共和国民政部 [Ministry of Civil Affairs/MoCA]（2011），"Zhonggong Zhongy-

angting Guowuyuan Bangongting Guanyu Zhuanfa 'Minzhengbu Guanyu zai Quanguo Tuijin Chengshi Shequ Jianshe de Yijian' de Tongzhi 中共中央厅国务院办公厅关于转发'民政部关于在全国推进城市社区建设的意见'的通知" [MoCA: notice concerning urban community – building], 〈http://zqs. mca. gov. cn/article/sqjs/zcwj/200912/20091200044439. shtml〉, accessed 15th April 2011.

后　记

　　杨绛先生曾经说过："人虽然渺小，人生虽然短，但是人能学，人能修身，人能自我完善。人的可贵在于人的本身。"人生三十余载，虽无什么成就，但稍感欣慰的是个人从未放弃过求学，也可以说是一直在修身，在自我完善。不得不承认，在世间行走，难过有时，失意有时，窘迫有时，跌倒有时，更难免有着数不尽的琐事烦心，但我个人对学问的追求和对研究的那份执着始终未曾泯灭。本书就是在个人博士后出站报告的基础上修改整理完成的，是个人对我国新型城镇化发展浅显的想法，特别是对于一个管理学背景的研究人员，尝试着从财政学视角进行探讨，可能离老师们的要求、个人的初心，还存在较大的差距，但是不同领域的碰撞，不同角度的分析研究，或许会有不一样的收获，因此最终我还是决定尽可能展示并分享自己的所学、所思、所想，将前些年的探索和思考写下来，并扩充到这份博士后报告中去出版。

　　回首求学之途，辗转、迂回，最终实现了"进京赶考"。完成本科学业的那个月底，正如社会中的"懵懂少年"那般，机缘巧合地前往千岛之国菲律宾，在其四大名校之一菲律宾雅典耀大学（Ateneo de Manila University）开始研究生的学习，尔后继续在菲律宾第 16 任总统罗德里戈·杜特尔特的母校——菲律宾莱西姆大学马尼拉主校区完成博士阶段学习，最终获得中国驻菲律宾大使馆颁发的"菲律宾中国优秀留学生干部"称号，承蒙恩师王朝才教授的指导和帮助，有幸回到北京，到中国财政科学研究院（原财政部财政科学研究所）从事博士后研究，继续博士论文所在领域的研究，完成博士后阶段的科研工作，实现了个人最高的求学梦想！

回看科研之路，从一名研究"小白"到如今第一本个人专著的出版，感觉还是有些青涩，尽管年纪早已不是如此。能有这个阶段性的个人研究成果，还是要感恩博士研究生的导师 Professor Victorina Zosa，是她让我笃定了从事城镇化相关领域的研究，找到了个人感兴趣的一个研究方向，更让我懂得研究不仅需要理论性，更需要侧重研究结果服务于实践，指导实践。另外，还要特别感恩博士后合作导师王朝才教授，他学识渊博，独具国际化研究视野，在"做人、做事、做学问"上都能给我这个学生树立楷模，使我终身受益！感谢硕士、博士和博士后研究阶段所有授业的老师、并肩前行的同学，感谢有热度、有温度、有深度的同门兄弟姐妹，他们很多都是学术界的精英，我真的从他们那里学到了很多。本书的正式出版还要特别感谢经济科学出版社所有的领导与老师，谢谢您们对我的支持与厚爱！

特别地，感谢我的妻子——"的爱亲"给予的无条件理解与支持，求学路上相识至今，你我大部分时间都是聚少离多，一味地赶路、拼搏难免没有承担我应该承担的家庭责任，谢谢多年来容忍着我的这种"漠不关心"。感谢妻子孕育的爱情结晶——儿子"憨宝"和女儿"等妹"，他们两个小家伙给我带来了无尽的快乐，但对于第一次做父母的我们，也伴随着不少的彷徨与无助，也许这就是生活，但是你们仨已成为我终身奋斗拼搏的动力！感谢岳母近年的辛勤帮助，尽管您不善言辞，但我们会始终铭记您的付出与包容！最后要特别地感谢我的父母，没有您们往日的悉心教导，就没有我今日的工作成果；没有您们多年的默默支持，就没有我如今的幸福生活！还请您们原谅孩儿的不孝，常年在外，疏于照顾您们了！谢谢妹妹和妹夫，是你们经常回家陪伴父母，照料家庭，让我也感觉没有后顾之忧了。日后我将更加珍惜生活，珍爱家人，陪伴家人。

道阻且长，行则将至；行而不辍，未来可期！农村出生的我，从没想到个人会出国留学，没想到个人会完成博士后学习，没想到会到北京定居，更没想过个人专著即将出版发行，还是那句话——人的可贵还是在于人本身，这些现在全部实现了。也许生活就是这样，沿着别人的轨迹，不一定能走到自己想去的地方，只有走在自己的路上，踩下去的每一脚才会有力量。

余生心怀感恩，不忘一路上每一个帮助过我们的人！

李 林

2021 年 6 月于新知大厦